DELEGACIÓN Y SUPERVISION

DELEGACIÓN Y SUPERVISION

BRIAN TRACY

GRUPO NELSON
Una división de Thomas Nelson Publishers
Desde 1798

NASHVILLE   MÉXICO DF.   RÍO DE JANEIRO

© 2015 por Grupo Nelson®
Publicado en Nashville, Tennessee, Estados Unidos de América.
Grupo Nelson, Inc. es una subsidiaria que pertenece completamente
a Thomas Nelson, Inc.
Grupo Nelson es una marca registrada de Thomas Nelson, Inc.
www.gruponelson.com

Título en inglés: *Delegation & Supervision*
© 2013 por Brian Tracy
Publicado por AMACOM, una división de American Management Association,
International, Nueva York.
Todos los derechos reservados.

Editora en Jefe: *Graciela Lelli*
Traducción y edición: *www.produccioneditorial.com*
Adaptación del diseño al español: *www.produccioneditorial.com*

ISBN: 978-0-71803-359-0

Impreso en Estados Unidos de América
15 16 17 18 19 DCI 9 8 7 6 5 4 3 2 1

CONTENIDO

Introducción

LA DELEGACIÓN es una de las habilidades esenciales de una gestión eficaz. Sin la capacidad de delegar bien y efectivamente, no es posible satisfacer tu potencial como ejecutivo.

La gestión ha sido definida como «obtener resultados a través de otros». Inherente a esta definición está la idea de delegación efectiva de tareas, deberes y responsabilidades a tu equipo. Tu capacidad y voluntad de delegación es crucial para tu progreso y éxito en los negocios.

Muchos gerentes tienen dificultades para delegar. A menudo son reacios o incapaces de delegar, lo que limita en gran medida sus posibilidades de ascenso. Dado que la alternativa a delegar es hacerlo tú mismo, estos gerentes terminan con tantas responsabilidades y trabajos que hacer personalmente que son incapaces de contribuir plenamente con sus organizaciones.

Los beneficios de la delegación

La delegación tiene una variedad de beneficios y ventajas. La delegación te permite ampliar tu ámbito de trabajo desde lo que puedes hacer a lo que puedes controlar o manejar. Eso significa que puedes concentrarte en hacer las pocas cosas durante tu jornada de trabajo que únicamente tú puedes hacer por tu empresa.

La delegación te permite aumentar la calidad y cantidad de tus resultados. Y tus resultados, más que cualquier otro factor, determinarán tus ingresos, tu posición y tu nivel de satisfacción personal en tu trabajo.

La delegación también te permite aumentar la capacidad y la competencia de las personas que trabajan bajo tu mando, de modo que puedas liberar potencial humano.

Los gerentes de hoy trabajan a plena capacidad; tienen muchas más cosas que hacer que tiempo para hacerlas. Para que lo importante se haga, un gerente debe delegar todo lo que otros puedan realizar. Este es un simple hecho de la vida empresarial.

La delegación se puede aprender

Afortunadamente, la delegación es un conjunto de habilidades que se pueden desarrollar. Aprendes cualquier habilidad aprendiendo primero cómo hacerla, y luego practicando regularmente hasta que se convierte en un hábito; es como conducir un coche.

La mayoría de los gerentes no han sido entrenados en la delegación, y en el momento en que adoptes un comportamiento nuevo, te sentirás incómodo al principio. Sin embargo, cuanto más practiques la delegación, más fácil se volverá.

Este libro te ayudará a ser excelente en la delegación y multiplicará grandemente tu capacidad de hacer una contribución significativa en tu organización. Vas a aprender una serie de ideas clave que puedes utilizar para conseguir ser mucho más eficaz al delegar. Cada uno de estos métodos, técnicas y estrategias han sido ampliamente probados durante años, y se garantiza su funcionamiento.

Si practicas estas técnicas una y otra vez, no tardarás en llegar al punto en el que otros se refieran a ti como una de las mejores personas hábiles en delegar que conocen.

UNO

Desarrolla tu recurso más valioso

TUS RECURSOS MÁS valiosos en los negocios son los recursos humanos confiados a ti para hacer el trabajo. Son mucho más valiosos que los ordenadores o el espacio de oficinas. Los gerentes excelentes son aquellos capaces de extraer el rendimiento de más alta calidad de las personas a las que dirigen.

Tu trabajo como gerente es obtener el máximo retorno de la inversión de la empresa en las personas. Tanto como el ochenta y cinco por ciento del presupuesto operativo de cualquier organización, especialmente en un negocio de servicios, se invierte en salarios e incentivos. La pregunta es: «¿Estás sacando el máximo rendimiento de esos gastos?». La delegación es una de las maneras de lograr precisamente eso.

La persona promedio trabaja usando entre un cincuenta y un sesenta por ciento de su capacidad. Esto significa que en la organización promedio, la mitad de la capacidad de los empleados no está siendo aprovechada. Una excelente organización es aquella en la que el personal está empleando cada vez más su capacidad potencial para alcanzar los objetivos de la organización.

Haz crecer a tu gente

Tu trabajo como gerente es hacer crecer a la gente. Se te ha confiado la responsabilidad de cuidar de tu gente y desarrollarla. Solo las personas pueden aumentar su valor. Los ordenadores y otros equipos se deprecian y, finalmente, se vuelven obsoletos. La gente, sin embargo, puede aumentar su valor, dependiendo de cómo es gestionada y motivada. La delegación es una herramienta maravillosa para desafiar a tu personal y hacer que se impliquen, logrando mayores resultados y haciendo una contribución mayor.

Lo más importante de todo es cómo la delegación te permite satisfacer tu propio potencial personal. El maravilloso descubrimiento es que tu potencial como gerente o ejecutivo es prácticamente ilimitado, siempre y cuando seas capaz de dar rienda suelta a los talentos y habilidades de los demás al delegar y supervisar con eficacia.

Tienes dos opciones en el mundo laboral. Cuando se te ha asignado un trabajo y eres responsable ante tu jefe, puedes hacerlo tú mismo o hacer que otro lo haga. Tu capacidad para hacer que otro haga el trabajo —o, más exactamente, de encomendar el trabajo a otra persona que pueda, de hecho, hacerlo— te permite centrarte en el trabajo que tienes que hacer. Más que cualquier otra cosa, esta capacidad de delegar efectivamente determinará tu trayectoria profesional, tu tasa de promoción, tu sueldo, tu estatus, tu posición, tu prestigio y tu éxito en la gestión.

DOS

Desafía los mitos que bloquean la delegación eficaz

HAY VARIOS mitos en la gestión que a menudo suelen refrenar a los gerentes de usar la delegación. Pueden o no ser ciertos, pero son bloqueos mentales del gerente individual. Puedes estar al tanto de algunos de estos mitos o bloqueos y no conocer otros. Cada vez que veas a alguien que delega pobremente, es probable que encuentres uno o más de estos mitos en acción.

Mito 1: No hay tiempo suficiente para delegar

A veces las personas están tan ocupadas y abrumadas con las responsabilidades que piensan que no tienen tiempo suficiente para sentarse y explicar el trabajo a otra persona. Solo quieren continuar con ello tan rápido como sea posible.

En otras ocasiones pueden delegar el trabajo a otra persona, pero no se toman el tiempo suficiente para guiar a la persona en la asignación y explicarle exactamente lo que debe hacer. Tal vez digan algo como: «Haz esto y tenlo terminado para tal o cual fecha». Equiparan el dar órdenes con la delegación. Pero no es eso. Es *abdicación*.

Probablemente hayas escuchado el viejo dicho: «Nunca hay tiempo suficiente para hacer las cosas bien; pero siempre hay tiempo suficiente para hacerlo de nuevo». En las organizaciones o unidades mal dirigidas siempre parece haber tiempo para hacerlo una y otra vez y corregir los errores y malentendidos que fueron causados por no delegar con eficacia en primer lugar.

En realidad, *siempre* hay tiempo suficiente para delegar con eficacia. A partir de ahora, deja de decir que no tienes tiempo para delegar una tarea con claridad. Recuerda, tomarte el tiempo para delegar bien es el empleo más eficaz de tu tiempo para obtener más y mejores resultados.

Mito 2: El personal no es suficientemente competente

Muy a menudo, los gerentes subestiman la capacidad de su gente. Pero la única manera de que pruebes la verdadera competencia de los individuos es dándoles más de lo que hayan hecho antes, y luego dejarles la libertad para cometer errores y aprender de ellos.

La gente te sorprenderá. Asombrosamente, los miembros de tu equipo puede que tengan aptitudes de las que nunca te hubieras apercibido. Cuando aprendas a aprovechar sus capacidades, no solo obtendrán más satisfacción de su trabajo, sino que tú también conseguirás mucho más como gerente, lo que ayudará a tu carrera.

Mito 3: Si quieres que salga bien, tienes que hacerlo tú mismo

Este malentendido, llevado a su conclusión lógica, garantiza el fracaso en la gestión. Si realmente crees que tienes que hacerlo todo tú —y quieres tener el trabajo hecho a tiempo, y a un nivel aceptable de calidad— acabarás por tener más y más trabajo, y cada vez menos tiempo. Este mito te frenará y te condenará a funcionar continuamente a nivel operativo, en lugar de avanzar en la gestión.

La incapacidad de pasar de hacer el trabajo a dirigir el trabajo es la mayor razón por la que la gente fracasa en la gestión. La tendencia natural es la de volver a caer en tu zona de confort y empezar a hacer en lugar de delegar. Sigue recordándote que tu trabajo consiste en gestionar, no en hacerlo por tu cuenta.

Mito 4: La gente pensará que no estás al tanto de todo si delegas en los demás

Por lo general, los ejecutivos o gerentes son egoístas. Sus egos están atados a su trabajo. Quieren que las otras personas piensen que están al tanto de todo en el trabajo y saben lo que está pasando todo el tiempo. Por lo tanto, se niegan a delegar.

Sin embargo, es todo lo contrario. Nunca puedes saber lo que está pasando en todas partes durante todo el tiempo. Y no necesitas saberlo. Siempre puedes tener acceso a las personas que lo saben y que pueden ponerte al día rápidamente.

Mito 5: Cuando eres bueno en algo, debes hacerlo tú mismo

Muchas personas pasan meses y años desarrollando un conjunto de habilidades que les permita progresar, ser ascendidos y tener un equipo asignado que trabaje para ellos. La trampa está en que hacer bien este trabajo en particular crea una zona de confort, y continuamente te esfuerzas por volver a la zona de confort que supone realizar una ocupación que resulta familiar.

La regla es bastante simple. Debes delegar lo que sea que hayas dominado y puedas hacer ahora fácilmente, y pasar a otra cosa. Dominar la tarea te ha permitido ascender y avanzar. Este trabajo debe ahora ser enseñado y transmitido a otra persona. No deberías estancarte en tareas simples y rutinarias, y que puedan ser realizadas por otra persona.

Practica la «regla del setenta por ciento». Si alguien más puede hacer el trabajo un setenta por ciento tan bien como tú, delega la tarea a esa persona. Libérate para hacer esas pocas funciones que solo tú puedes hacer.

Nuestra tendencia natural es caer en el hábito de hacer los trabajos que nos gustan, las tareas que nos llevaron a donde estamos en la actualidad, y reservarnos estos trabajos para nosotros mismos. En cambio, debes delegar las tareas que hayas dominado, de manera que puedas avanzar con las ocupaciones que requieran una mayor inteligencia, habilidad y capacidad.

TRES

El punto de partida de la delegación

EL PUNTO INICIAL de la delegación, al igual que el punto de partida de toda gestión exitosa, es tomarte un poco de tiempo para pensar en el trabajo antes de hacer cualquier otra cosa. Piensa con precisión en lo que hay que hacer, por tu parte y por la de los demás. Un buen ejercicio es escribir el objetivo de un trabajo, sobre todo de un trabajo complejo, y luego una lista de todas las acciones que se deben tomar para completar el trabajo a tiempo, con el nivel de calidad requerido.

Muchos de los problemas en gestión provienen de *actuar sin pensar*. Por el contrario, el éxito en este campo suele ser el resultado de invertir tiempo para pensar antes de actuar. Y hay pocas áreas donde esto sea más importante que en el ámbito de la delegación.

La planificación ahorra tiempo

Hay un viejo refrán que dice: «Más vale prevenir que curar». Cada minuto que pases con la planificación te ahorra de diez a doce minutos en la ejecución. Haz una lista de todo lo que debe hacerse en la realización de una tarea importante o el logro de un objetivo. Cuanto más tiempo tomes en planificar la tarea antes de empezar, y en anotar cada paso, más rápido la completarás cuando empieces a trabajar.

Pensar bien en el proceso —lo que hay que hacer, cuándo hay que completarlo y a qué nivel de calidad— es el punto de partida de la delegación eficaz. Por desgracia, muchos gerentes delegan primero y lo piensan después.

Haz las preguntas correctas

Deberías afrontar cada trabajo o tarea como si tu carrera y tu futuro dependieran de ello. Cuanto mayor y más importante sea la tarea, con mayor seriedad deberías dar los primeros pasos. Haz las preguntas correctas:

- ¿Qué estoy tratando de hacer?
- ¿Cómo estoy tratando de hacerlo?
- ¿Podría haber una mejor manera?

Comienza por pensar en tu situación actual, dónde quieres estar en el futuro y la mejor manera que tienes de conseguirlo.

Sé tu propio asesor de dirección

El trabajo del asesor de dirección consiste en hacer preguntas sobre lo que estás haciendo y por qué lo estás haciendo de esa manera. Peter Drucker dijo: «Yo no soy un asesor; soy un inquisidor. No le digo a la gente qué hacer. Solo hago las preguntas difíciles que deben responder para decidir qué hacer por sí mismos».

Un excelente ejercicio para dedicarte a ser gerente es identificar tus suposiciones, y luego probarlas. ¿Qué estás suponiendo que es verdad? ¿Qué estás aceptando conscientemente, y qué estás asumiendo *inconscientemente*? Y lo más importante, ¿qué pasa si tus suposiciones no son ciertas? ¿Y si las ideas en las que estás basando tus decisiones no son correctas? Entonces, ¿qué harías?

¿Deberías hacerlo tú mismo?

Para cada tarea, tienes que decidir si debes hacerla tú mismo, delegarla a alguien de la empresa o desviarla a un especialista fuera de la empresa. Solo puedes tomar estas decisiones si te tomas el tiempo de pensar primero en la labor.

SI TIENE SENTIDO, HAZLO TÚ MISMO

A veces, el supuesto de que necesitas delegar una tarea está mal; tiene más sentido hacerlo tú mismo. Al principio de mi carrera, yo era redactor para una gran agencia de publicidad. En esa posición, leí todos los libros que pude encontrar sobre escribir textos profesionales y finalmente me abrí paso hasta la escritura de textos publicitarios para clientes nacionales.

A día de hoy, puedo escribir publicidad excelente sobre casi cualquier tema, producto o servicio de forma rápida, fácil y bien. Un miembro de mi personal podría pasar horas escribiendo un texto de publicidad para nuestro sitio web o de otros materiales de promoción y aun así no hacer un trabajo particularmente bueno. Pero yo puedo escribir esa misma cantidad de texto en pocos minutos, y dejarlo listo para ir a imprenta.

Esta es una de esas áreas donde tiene mucho sentido para mí redactar rápidamente el texto de publicidad en lugar de delegar o contratar a alguien fuera de la empresa para hacerlo.

ENCUENTRA A LA PERSONA ADECUADA

Si, sin embargo, debes delegar una tarea en lugar de hacerla tú mismo, ¿quién es la mejor persona en la que puedes delegar?

Al delegar, asegúrate de emparejar las actividades con las personas adecuadas. Delegar una tarea importante en una persona que no tiene talentos o aptitudes demostradas para cumplir la función puede ser una receta para el desastre. Tú quieres que tu gente se esfuerce, pero no que vaya demasiado lejos.

Muchas personas y organizaciones se han metido en un montón de problemas porque han delegado una tarea importante en alguien que no tiene la capacidad de realizar el trabajo correctamente. Recuerda, *solo el resultado pasado es el verdadero indicador del resultado futuro.* Siempre delega el trabajo en alguien que pueda realizarlo de forma rápida y eficiente, y dentro del presupuesto.

EXTERNALIZA LA TAREA

Otro supuesto que los gerentes hacen es que, cualquiera que sea la tarea, tiene que ser realizada por alguien *dentro de* la empresa. Hoy, sin embargo, hay empresas que se especializan en ciertas actividades, y tú puedes externalizar una operación entera y lograr que se haga más rápido, más barato y mejor que si la hicieras internamente.

Todo comienza con la planificación

Tal vez el mayor beneficio del que jamás puedas disfrutar como gerente vendrá de la planificación. Y toda la planificación comienza con un papel y un lápiz, y haciendo una lista de lo que hay que hacer, cuándo y cómo, anticipadamente. Por lo tanto, tómate un tiempo previo para pensar en una tarea o trabajo, y haz las preguntas correctas antes de tomar tu decisión sobre si has de delegar y cómo.

CUATRO

El modelo de fábrica de la gestión

TU HERRAMIENTA MÁS VALIOSA para el éxito es tu capacidad de pensar con mayor claridad que otras personas. Cuantas más herramientas mentales tengas a tu disposición para ayudar a tu pensamiento, mejores decisiones podrás tomar, y mejores resultados obtendrás.

El modelo de fábrica de la gestión es una herramienta mental que puedes utilizar para ser más eficaz en tus esfuerzos por delegar. Creas este modelo mediante la visualización de cada persona, y de cada estamento laboral compuesto de individuos, como una fábrica.

Una fábrica tiene ciertas partidas (por ejemplo: materias primas, recursos, tiempo, dinero, equipo). Dentro de la fábrica, se realizan actividades de producción. Estas actividades producen efectos específicos, o lo que podríamos llamar *resultados*. La productividad de la fábrica se juzga únicamente en base a la calidad y la cantidad de sus resultados, no sus actividades.

Identifica los resultados pretendidos

Cuando pienses en tu equipo, tu departamento, tu empresa o tu área de responsabilidad, piensa en ello en términos de fábrica. Pregúntate:

- ¿Qué resultados se esperan de nosotros?
- ¿Qué se supone que debemos producir?
- ¿Por qué existimos?
- ¿Para lograr qué resultado nos han contratado?

La batalla por los niveles más altos de productividad siempre ha girado en torno a la lucha entre actividades y logros, trabajo duro y resultados. Muchas personas trabajan duro todo el día, pero producen muy poco porque no se centran en la productividad, el rendimiento y los resultados.

Contempla al individuo como una fábrica

Cuando te fijes en las personas de tu organización, piensa en ellas como fábricas individuales. Sus recursos primarios son el tiempo, el dinero, las habilidades y las capacidades. Se dedican a actividades específicas a lo largo del día. Son responsables de la consecución o el cumplimiento de determinadas entregas. Están en nómina para obtener resultados.

Una parte importante de la delegación es que pienses acerca de los resultados que estás tratando de lograr, y luego mantener la atención de la gente centrada en estos resultados. Una de las señas de identidad de todos los gerentes exitosos, y de todas las personas eficaces, es una intensa orientación hacia los resultados. Una de las señas de identidad de la gente ineficaz es que se centra en las actividades y no en los logros.

Desarrolla una ventaja administrativa

Hay ciertas cosas que puedes hacer para multiplicar tus resultados o los resultados de tu departamento o área de responsabilidad. Es una forma de «ventaja administrativa», que te permite obtener muchas más cosas que la persona promedio. Tu trabajo consiste en utilizar tu tiempo y recursos de la forma más eficaz posible para conseguir la máxima ventaja.

Por ejemplo, llevar todo el proceso de producción de tu empresa a casa, donde tienes control de ello, puede aumentar significativamente tu productividad y reducir tus gastos. Por otro lado, externalizar toda una parte del proceso de producción a expertos que pueden hacerlo más rápido, más fácil y más barato, puede darte también una tremenda ventaja. Por ventaja nos referimos a que aumentes la calidad y cantidad de los productos en relación a los costes.

La delegación es una herramienta importante para la ventaja administrativa. La delegación te permite multiplicar tu producción. Cuando instruyes o enseñas a otras personas lo que deben hacer, de manera que hagan el trabajo por sí mismas, en realidad es posible duplicar tu producción total en lugar de hacerlo todo por ti mismo.

Decide multiplicar en lugar de dividir

La ventaja administrativa también funciona a la inversa. Imagina que un empleado promedio, trabajando a una

velocidad media, puede producir diez unidades de manu-
factura al día. Como gerente, puedes multiplicar y aumentar esa cantidad o, con las decisiones equivocadas, puedes
dividir y reducir ese nivel de productividad.

Supongamos que este empleado está perdiendo la
mitad de la jornada laboral, como la mayoría de personas
hacen. Con una delegación efectiva, tal vez aumentes la
productividad de esa persona en un cincuenta por ciento,
hasta las quince unidades al día.

Sin embargo, con una delegación ineficaz, confusa o
imprecisa, tal vez se reduzca ese número a cinco u ocho
unidades porque el empleado no tiene claro lo que quieres
que haga. El empleado está confuso.

Delega la tarea con claridad

Cuando la gente tiene poco claro o no está segura de lo que
quieres, tiende a frenarse en lugar de cometer un error.
Perderán y desaprovecharán el tiempo. Pasarán menos
tiempo produciendo y más tiempo socializando y partici-
pando en otras actividades de bajo o ningún valor.

Como gerente, debes preguntarte continuamente a ti
mismo: ¿soy un signo de multiplicación en mi ambiente
de trabajo y con mi personal, o soy un signo de división?
En otras palabras, ¿son las personas más productivas,
como resultado de tu influencia, o son menos productivas?
¿Todos reciben información absolutamente clara sobre
1) qué es lo que necesitas que hagan, 2) para cuándo lo
necesitas, y 3) el nivel de calidad que esperas?

La claridad es esencial

La revista *Training Magazine* realizó una vez una encuesta
entre los profesionales de recursos humanos de todo el país

para conocer las técnicas más poderosas para motivar a los empleados. Descubrieron que el más poderoso de todos esos factores de motivación fue descrito como «saber lo que se espera».

Cuando se pidió a los empleados que describieran a los mejores jefes para los que jamás hubieran trabajado, en repetidas ocasiones dijeron: «Siempre supe lo que el jefe esperaba de mí».

Cuando la gente sabe exactamente lo que esperas que hagan, para cuándo, con qué nivel de calidad y con qué presupuesto, tiene la oportunidad de trabajar a un alto nivel. Tienen la oportunidad de obtener el tipo de resultados que los hacen sentirse maravillosos consigo mismos y mejoran al mismo tiempo sus propias posibilidades dentro de su carrera.

El mayor desmotivador

Esta misma encuesta también detectó que la principal fuente de estrés, infelicidad e irritación de las personas en el lugar de trabajo, a día de hoy, es «no saber lo que se espera» de ellas. Este «no saber» es principalmente el resultado de una mala delegación por parte del jefe.

No saber lo que se espera de uno es la principal razón por la cual la gente desempeña mal su trabajo, se siente desmotivada, se vuelve irritable, se enfada o incluso enferma. Como gerente, una de las cosas que únicamente tú puedes hacer es dejar claro a tus empleados lo que se espera de ellos, y en qué orden de prioridad.

CINCO

Determina tus áreas de resultados clave

TUS ÁREAS DE RESULTADOS clave son esas cosas que tú absoluta y positivamente debes hacer para cumplir con tus responsabilidades y alcanzar tus objetivos de negocio. En pocas ocasiones hay más de entre cinco a siete áreas de resultados clave en cualquier tipo de trabajo o negocio. Tu función es determinar cuáles son las áreas de resultados clave para tu trabajo, y luego desarrollar un plan para su realización y mejorar continuamente en cada área.

Empiezas haciéndote esta pregunta: ¿para conseguir qué resultado me han contratado? ¿Por qué estoy en nómina?

Una vez más, piensa sobre el papel. Si estás a cargo de una división o departamento del negocio, ¿qué debe este hacer para justificar su existencia? ¿Qué se espera que tú y tu equipo logren para satisfacer sus responsabilidades con la empresa? ¿Lo sabes a ciencia cierta? La tendencia natural de muchas personas es centrarse en las actividades de cada día en lugar de en los resultados finales que se esperan de ellas. Pronto puedes estar tan ocupado con las actividades diarias del trabajo que pierdas de vista los resultados generales requeridos.

Sé claro con tus áreas de resultados clave

La mejor manera de volver a centrarte en los resultados y no en las actividades es determinar tus áreas de resultados clave y, a continuación, asegurarte de que todo el mundo por encima de ti, a tu mismo nivel y debajo de ti tenga muy claro cuáles son.

Un área de resultado clave tiene tres cualidades:

1. Es clara, específica y comprobable. Puedes determinar con exactitud si el resultado se ha logrado, y si se ha hecho bien.

2. Es algo que está completamente bajo tu control. Si tú no lo haces, no será realizado por otra persona. Si lo haces, y lo haces bien, puede aportar un valor significativo para tu negocio y tu carrera.

3. Es una actividad esencial de la empresa. Un resultado clave es una entrega importante que se convierte en paso consecuente para la siguiente área de resultado clave, o para la siguiente persona.

Por ejemplo, en ventas, un área de resultado clave es la prospección: la búsqueda de expectativas nuevas, cualificadas e interesadas a las que hablarles sobre tu producto o servicio. La identificación y contacto con nuevos clientes potenciales es un área de resultado clave esencial para el vendedor.

Una vez que se han encontrado nuevas perspectivas, la siguiente área de resultado clave es desarrollar la confianza, la relación y la credibilidad con esos clientes potenciales para que puedan ser positivos y estar abiertos a aprender acerca de tu producto o servicio. Hay áreas de resultado clave adicionales en las ventas, cada una de las cuales fluye directamente desde la consecución de la anterior y concluye con la obtención de reventas y referencias de clientes satisfechos.

Hay áreas de resultado clave en cada puesto de trabajo, y para la empresa en su conjunto. Tu función es determinar exactamente cuáles son las tuyas, establecer horarios y medidas para su finalización y luego trabajar en ellas todos los días.

Como individuo, haz una lista de tus áreas de resultados clave. Tu punto de partida, una vez más, está determinado por tus respuestas a las preguntas: «¿Por qué estoy en nómina? ¿Para conseguir qué resultado me han contratado?».

Lleva esta lista a tu jefe y pídele que establezca prioridades. ¿Qué piensa que es lo más importante y lo que menos? ¿En qué piensa que debes trabajar durante la mayor parte del tiempo? ¿Cómo mide tu jefe tu éxito en la consecución de los resultados más importantes para los cuales has sido contratado?

ESTABLECE PRIORIDADES CLARAS

Surgen muchos problemas en un negocio por multitud de razones. En primer lugar, ni el individuo ni el jefe son claros con las áreas de resultados clave y las consecuencias necesarias para el éxito de la empresa o departamento. En segundo lugar, las personas no son claras con las prioridades entre los resultados clave y se distraen con facilidad haciendo las cosas de menor valor. Como dijo una vez el asesor en dirección Benjamin Tregoe: «El peor uso del tiempo es hacer muy bien lo que no es necesario en absoluto».

La definición de áreas de resultados clave es el factor crítico para la eficacia de la gestión. Esto se debe a que el ochenta por ciento del valor de lo que haces irá determinado por el veinte por ciento de tus actividades. En algunos puestos de trabajo y posiciones, puede ser que el noventa por ciento de lo que hagas quede representado por el diez por ciento de tu trabajo. Si no conoces cuál es el diez o el veinte por ciento más importante de tus actividades, no hay manera de que puedas actuar para destacar. Si no conoces cuáles son tus áreas de resultados clave, tu tendencia natural será pasar más y más tiempo haciendo cosas de un valor menor.

Una de las mejores preguntas que puedes hacerte continuamente es: «¿Qué puedo hacer yo, y solo yo, que si lo hago bien marcará una diferencia real en los resultados?». Si no haces ese trabajo o tarea en particular, nadie más lo podrá hacer por ti, y la productividad y el rendimiento comenzarán a disminuir en tu departamento. Pero si lo haces, y lo haces bien y rápidamente, puedes marcar una verdadera diferencia en cuanto a productividad y resultados.

ENCUENTRA A LAS PERSONAS ADECUADAS

Por ejemplo, un área de resultado clave del gerente es el reclutamiento y contratación de personal: encontrar a las personas adecuadas para los puestos adecuados. Como Jim

Collins escribió en su libro *Empresas que sobresalen*, los altos directivos son aquellos que «meten a la gente adecuada en el autobús, sacan a la gente equivocada del autobús, y luego llevan a las personas adecuadas a los asientos adecuados del autobús».

Tu capacidad como gerente para encontrar a las personas adecuadas, para entrevistarlas y seleccionarlas con cuidado, y luego ponerlas en los puestos clave de tu área de responsabilidad es algo que nadie más que tú puede hacer. Si no lo haces, o lo haces mal, ningún otro puede sustituirte o cambiarlo. Pero si seleccionas a las personas adecuadas y las sitúas junto a otros para formar un equipo de alto rendimiento, puedes contribuir extraordinariamente a tu negocio.

Resultados clave para los miembros del personal

Una vez que hayas respondido a la pregunta tú mismo (¿Por qué estoy en nómina?), tu siguiente pregunta es: «¿Por qué los miembros de mi equipo están en nómina?».

Una vez más, piensa sobre el papel. Haz una lista de cada una de las personas que dependen de ti. A continuación, debajo de cada nombre, redacta una lista de los resultados clave por los que ha sido contratada esa persona, si es posible en orden de importancia. Es increíble cómo pocos gerentes son muy claros acerca de las tareas y actividades más importantes requeridas de cada persona que depende de ellos.

AYÚDALES A CONSEGUIR RESULTADOS IMPORTANTES

Debes esta información a tu personal. Debes a los miembros de tu personal la oportunidad de alcanzar niveles de rendimiento de élite y la ocasión de hacer sus trabajos para destacar. Esto solo es posible si saben exactamente cuáles son sus funciones más importantes, y cómo vas a medir esas funciones. Cuando das a la gente una descripción clara de su función, además de una medida de rendimiento, les permites atender y concentrarse en obtener los resultados más importantes para ellos y para la empresa.

Por lo tanto, da a tus empleados un objetivo al que apuntar, un estándar al que puedan aspirar. Solo cuando los miembros de tu personal tienen objetivos claros y prioridades en sus actividades pueden trabajar para destacar, y conseguirte los resultados que necesitas para que tú mismo alcances niveles excelentes.

SEIS

Fija estándares de rendimiento excelente

SI DESEAS QUE tu gente trabaje al más alto nivel, entonces tienes que establecer estándares de rendimiento excelente. Los miembros del personal deben saber exactamente por qué están en nómina, lo que se espera que logren y qué constituye un excelente rendimiento.

El trabajo del gerente es determinar y definir un rendimiento excelente en cada tarea, fijándolo como objetivo al que cada persona puede aspirar en su área de responsabilidad. Los ejecutivos eficaces establecerán estándares de rendimiento excelente para sus empresas o sus equipos, y por cada tarea que delegan y supervisan.

Hay una diferencia notable entre estándares de rendimiento «ordinario» y «excelente». Un nivel de rendimiento ordinario es lo mínimo que los empleados deben alcanzar para no correr el riesgo de ser degradados o perder su trabajo. Los estándares de rendimiento *excelente* son los que la gente debe alcanzar para garantizar la seguridad del empleo y situarse en una posición en la que se les pague más y asciendan más rápido.

El establecimiento de estándares de rendimiento excelente también es clave para la delegación efectiva. Al delegar un trabajo, quieres saber que la persona que toma el trabajo o tarea llevará ese trabajo al más alto nivel de calidad y eficiencia.

Gestión basada en la medición

Las palabras de moda más importantes en la gestión actual parecen girar en torno a la medición del desempeño. Los hombres de negocios y líderes de opinión usan palabras como *puntos de referencia*, *indicadores*, *estándares* y *denominadores económicos*. Cada uno de estos términos se refiere al hecho de que todas las actividades comerciales pueden ser medidas de alguna manera. Este énfasis en la gestión basada en la medición es clave para una mejora continua y perpetua tanto para el individuo como para la organización. La determinación de medir cada actividad es clave para aumentar las ventas y la rentabilidad en el futuro, especialmente en aquellos mercados agresivamente competitivos.

La regla es: «Lo que se puede medir, se puede hacer». Esta es una de las reglas más importantes de todas las que se refieren a la eficacia de la gestión. Para establecer estándares de rendimiento excelente, tienes que ser capaz de establecer medidas en términos de tiempo, dinero o volumen de negocio. Afortunadamente, todas las actividades de negocio se pueden definir en términos cuantitativos o numéricos. Si alguna actividad no se está midiendo regularmente, entonces no hay manera de que la gente pueda saber si está haciendo un buen trabajo.

Publica los números

W. Edwards Deming, el gurú de la gestión de calidad que transformó el Japón de la posguerra en una potencia económica produciendo algunos de los productos de más alta calidad del mundo, desarrolló una fórmula de catorce puntos para la gestión de calidad total. Uno de sus catorce puntos era simplemente «publicar los resultados».

Animó a las empresas a que describieran todas las actividades en términos numéricos, y luego publicaran esos números en hojas grandes de papel por toda la empresa para que todos pudieran verlos. Él entendió que cuanto más supiera la gente sobre su desempeño y cómo se estaba midiendo, más creativa y decidida estaría a mejorar esos números.

Compara el rendimiento con regularidad

Poco después de estudiar la obra de Deming, trabajé con una empresa inmobiliaria que tenía treinta y dos vendedores. Sugerí que publicáramos los listados y los resultados de ventas de cada persona de la oficina en un tablero grande en la sala de juntas, con la persona con mayores ingresos en la parte superior y la persona con los ingresos más bajos en la parte inferior. Puesto que la lista se encontraría en la sala de juntas, cada uno de los agentes tendría que pasar por delante del tablero todos los días. Lo que finalmente sucedió fue que sin importar dónde pudieran encontrarse los agentes, ya fuera al principio o al final de la lista, siempre trataban de competir contra los agentes más cercanos a ellos en el *ranking*. No trataban de saltar del puesto número diez o veinte al número uno. En su lugar, se centraban en hacer lo necesario para superar a la persona encima de ellos en la lista. Y, por supuesto, la gente por encima de ellos trabajaban muy duro para no perder su lugar.

Mediante la publicación de los nombres con los resultados junto a ellos, una vez por semana, los administradores crearon una competición dinámica entre los vendedores para ascender al menos un nivel en las votaciones, o como mínimo no bajar porque alguien los hubiera superado en ventas durante el período anterior.

En el curso de un año, esa oficina inmobiliaria fue la sucursal de mayor rendimiento de una ciudad donde la misma empresa tenía otras veintidós oficinas. El simple acto de mostrarles a las personas los números claros y permitirles compararse a su desempeño pasado, y al desempeño de los demás, dio lugar a una mejora continua e imparable en los resultados de ventas.

Las comparaciones a nivel estatal funcionan igual

Uno de mis clientes, una empresa nacional con oficinas de ventas en casi todas las ciudades importantes del país, comenzó a utilizar este sencillo método de «comparación social». A principios de cada mes, la compañía enviaba un informe al gerente de cada oficina del país que mostraba dónde quedaba clasificada esa oficina en las ventas totales y la rentabilidad, el promedio de ventas y rentabilidad por agente comercial y las tasas de crecimiento o disminución promedio en comparación con las restantes sedes.

En poco tiempo, tuvo lugar la misma dinámica que ocurrió en la empresa de bienes inmuebles. Cada gerente de cada oficina del país decidió concentrarse en superar los resultados de la oficina situada en el puesto superior en la lista. En lugar de tratar de saltar del puesto diez o veinte al número uno, los administradores simplemente se centraron en ascender un nivel cada vez. Igual que antes, esto condujo a una competencia positiva que aumentó los niveles generales de ventas, sede a sede, para la empresa.

Esfuérzate por la excelencia

El rendimiento excelente motiva; el rendimiento medio no. Las personas no obtienen ninguna motivación realizando un trabajo medio. Si hacen un trabajo pobre, entonces su autoestima baja y se desmotivan cada vez más. Pero si realizan un excelente trabajo y son reconocidas por ese excelente trabajo, su autoestima sube y se motivan para hacer un trabajo excelente una y otra vez.

Cuando revisas las empresas de las encuestas anuales sobre «Los mejores lugares donde trabajar», descubres que todas ellas determinan estándares para un rendimiento excelente. Cuando te tomas el tiempo de llegar a un acuerdo entre los miembros de tu personal en sus áreas de resultados clave (ver el capítulo cinco) y los estándares de rendimiento con los que serán medidos, te vuelves cada vez mejor tanto en la delegación como en la gestión integral.

Hazles sentir ganadores

En cuanto a la motivación, ¿qué quiere cada persona? La respuesta es que cada persona quiere ser «ganadora». La gente quiere sentirse excelente consigo misma; al mismo tiempo, quiere ser reconocida por otras personas de su entorno debido a que es excelente en lo que hace.

La manera de conseguir esa sensación de victoria es ganar, pasar por la línea de meta en primer lugar, alcanzar altos estándares que otros puedan ver y por los que darte crédito.

Esto es muy importante. Al establecer áreas de resultados clave y estándares de rendimiento excelente creas «líneas de meta» para cada uno de los miembros de tu personal. Cada vez que comienzan y terminan un trabajo con un alto nivel de rendimiento, se sienten ganadores. Su autoestima sube. Se sienten más competentes y capaces.

Parece que hay cinco claves para la motivación:

1. Metas, objetivos y áreas de resultados clave claros

2. Estándares de medida claros

3. Experiencias exitosas: el sentimiento y el hecho de completar verdaderamente el trabajo a un alto nivel

4. Reconocimiento del jefe, y de otras personas

5. Recompensas directamente vinculadas a un rendimiento excelente en la tarea empresarial

Con esta simple fórmula —y con un compromiso de tu parte de hacer que tu personal se sienta como ganador— puedes utilizar la doble herramienta del área de resultados clave combinada con un excelente nivel de rendimiento para elevar a los individuos, construir mejores equipos y lograr resultados extraordinarios en tu posición como gerente.

SIETE

Gestión por objetivos

LA GESTIÓN POR objetivos (GPO) es una poderosa técnica de delegación que puedes utilizar con empleados competentes para planificar un trabajo durante períodos de tiempo prolongados. Utilizas esta técnica sentándote con el empleado y desarrollando objetivos realistas y medibles para un período de planificación de uno, tres, seis o incluso doce meses.

El punto de partida de la GPO es la selección de la persona adecuada que estará a cargo de un proyecto específico. A continuación, te sientas con la persona que has seleccionado y acuerdan objetivos específicos por tiempo limitado que deban conseguirse en el siguiente período de planificación. Este es un proceso activo entre el gerente y el subordinado que requiere una considerable discusión y reciprocidad entre ambos.

La discusión construye compromiso

Cuanto más pueda el empleado *discutir* el trabajo o meta con el gerente, más comprometido estará con la finalización del mismo cuando por fin comience.

Parece haber una relación directa entre conversación y compromiso. Tu objetivo como gerente es que la otra persona se apropie del proyecto y lo trate como si fuera su responsabilidad personal, en lugar de la tuya.

La GPO no es algo que se haga en cinco minutos. Es un proceso que avanza y retrocede durante un largo período de tiempo hasta que ambos están de acuerdo en un conjunto definido de metas y objetivos con plazos claros y números unidos a ellos.

Acuerda los pasos a seguir

Una vez que esté todo claro en cuanto a tus metas y objetivos, el siguiente paso es llegar a un acuerdo sobre el plan o las medidas que deben tomarse para realizar la tarea. La planificación es un proceso activo entre el gerente y el subordinado, con tiempo suficiente para el debate y para llegar a un acuerdo sobre cómo se logrará exactamente esa meta y los pasos que se tomarán.

La cantidad de tiempo necesario para establecer metas y objetivos claros, y el desarrollo de planes, irá en proporción directa con la experiencia y competencia en esta área del subordinado. Con las personas que han completado satisfactoriamente tareas similares en el pasado, la discusión puede ser muy breve. Simplemente puedes decir algo como: «Esto es lo que hay que hacer, y antes de tal fecha. ¿Tienes alguna pregunta?». Por lo general, habrá algunas preguntas acerca de plazos, calendario y presupuestos. Una vez que estas preguntas están contestadas, puedes entregar la tarea y en gran medida olvidarte porque tienes plena confianza en que la persona volverá a completar el trabajo de manera satisfactoria.

Evalúa y compara con regularidad

Una vez que cedes la tarea a uno de tus empleados, continúas evaluando y comparando los resultados acordados. Por ejemplo, si tu subordinado y tú establecen el objetivo de lograr un nivel de ventas concreto en el curso de los próximos doce meses, entonces compararías los resultados de las ventas mensualmente en base a las normas y objetivos que han acordado.

Tu influencia y eficacia como gerente crecerán en proporción directa a tu capacidad de desarrollar subordinados competentes que puedan asumir el trabajo y lograr que este se haga sin recurrir a ti otra vez. La GPO es una de las maneras más rápidas y coherentes de desarrollar la confianza y la competencia en tus subordinados. Empiezas por darle a la gente tareas y responsabilidades de menor tamaño, y luego dejas que cumplan la tarea a su manera. A medida que completan las tareas más pequeñas, crece su capacidad de iniciar y concluir tareas cada vez mayores.

Tu objetivo es llegar al punto en que puedas delegar ocupaciones enteras y entregarlas a otras personas completamente.

¿Te puedes apartar?

Para determinar lo buen gerente que eres, considera esto: ¿cuánto tiempo puedes estar fuera de la oficina sin que se instale la confusión? Muchos directivos son reacios a tomarse vacaciones o tiempo libre por temor a que el rendimiento de su personal comenzará a desmoronarse tan pronto como estén fuera un par de días.

Pero cuando gestionas por objetivos, y tus empleados son competentes y fiables en su capacidad para llevar a cabo sus tareas, puedes estar fuera durante largos períodos de tiempo y tu negocio o departamento continuará funcionando sin problemas. Una vez que hayas acordado claramente lo que ha de llevarse a cabo, cuándo y cómo, y cuándo vas a revisar los resultados, puedes dejar la tarea completamente a otros y dejarles llevarla a cabo.

La gestión por objetivos es una herramienta que solo utilizas con empleados experimentados y competentes. Para utilizar la GPO correctamente, los subordinados deben tener una autoridad —para invertir dinero, tomar decisiones, utilizar los recursos y ordenar servicios a otras personas de la organización— que esté acorde con la responsabilidad.

Practica el liderazgo situacional

En su trabajo sobre liderazgo situacional, Paul Hersey describe las cuatro fases de desarrollo de los empleados. Cada persona comienza en un nuevo trabajo y luego evoluciona y crece con el tiempo a través de cuatro etapas: narrar, vender, delegar y, por último, participar.

En la fase de *narración*, das a los nuevos empleados instrucciones específicas sobre lo que quieres que hagan exactamente, cómo ha de hacerse, cuándo debe estar hecho y el nivel de calidad. A continuación, mides y vigilas para asegurarte de que la nueva persona se adapta al trabajo.

En la *venta*, vas un paso más allá de contar, y motivas y persuades a la otra persona para que haga el trabajo que has descrito claramente.

Delegar es el proceso que utilizas únicamente con las personas competentes que han demostrado la capacidad de hacer ese trabajo en el pasado. Con la delegación, tú y la otra persona coinciden en lo que hay que hacer, cuándo y bajo qué estándar. Y entonces diriges con un contacto e interacción regulares para asegurarte de que todo va según lo previsto.

La GPO requiere participación

Al nivel más elevado de gestión, practicas la *participación*. Aquí es donde entra en juego la GPO. Este estilo de gestión se utiliza con personas competentes en las cuales tienes una confianza absoluta. Se sientan juntos y discuten el trabajo que hay que hacer, de acuerdo a los plazos y presupuestos, y luego entregas por completo el trabajo a los demás.

La etapa final de la GPO consiste en dar libertad completa a los miembros del personal para que trabajen a su manera. La sensación de libertad total, junto con la responsabilidad de obtener resultados, motivan el rendimiento y aumentan la confianza de las personas. Cuanto más puedas estructurar el ambiente de trabajo para que las personas sean libres de trabajar hacia objetivos predeterminados, más positivas y persistentes serán a la hora de completar la tarea.

OCHO

Las tres cualidades de los mejores jefes

BASADOS EN ENCUESTAS sobre más de 32.000 empleados de dieciséis industrias, los investigadores descubrieron que para sus subordinados, los mejores jefes tienen tres cualidades o características. Estas tres cualidades o características asegurarán que cualquier trabajo o responsabilidad delegada serán realizados a tiempo y correctamente.

La primera calidad de los mejores jefes es la *consideración*. Cuando se le pide que defina esta calidad, la gente dice: «Siempre sentí que mi jefe se preocupaba por mí como persona además de como empleado».

Pones en práctica la consideración cuando tienes un interés genuino en la vida, el trabajo y la personalidad de las personas que trabajan para ti. Pregúntales por su familia y sus relaciones personales fuera del trabajo. Sé sensible a la forma en que podrían estar sintiéndose un día en particular, y disponte a dejar la conversación sobre el trabajo con el fin de aprender más acerca de lo que está sucediendo en la vida personal de tus empleados.

¿Cuánto sabes de la vida de tus empleados fuera de la oficina? ¿Sabes si están casados, y con quién, y cuántos hijos tienen? ¿Qué les gusta hacer los fines de semana, y cuáles son los mayores problemas y preocupaciones con las que están lidiando en este momento?

¿A quién conoces?

Hacia el final de un curso de desarrollo de gestión de seis semanas, se preguntó a los ejecutivos y gerentes que asistieron lo siguiente: «¿Cómo se llama el conserje que limpia los pasillos cada día cuando vienen y salen de esta clase?».

Ni una sola persona de la clase tenía la más mínima idea. Habían pasado junto al portero durante seis semanas sin pensar en preguntar su nombre o aprender nada de él.

El profesor continuó diciendo: «Su éxito en su negocio va a estar determinado en gran medida por su inversión de tiempo en conocer a las personas que trabajan para ustedes. Tienen que hacerles preguntas acerca de sus vidas y escuchar las respuestas».

Los hijos son lo primero

En mi empresa, a medida que nuestro negocio fue creciendo, tuvimos a cuatro mujeres casadas trabajando con nosotros, cada una de las cuales se quedó embarazada y tuvo uno o más hijos. Puesto que mi esposa y yo tenemos cuatro hijos, y somos muy conscientes de las presiones y demandas sobre los padres en la crianza de los niños pequeños, decidimos introducir una nueva política en nuestra empresa: «Los hijos son lo primero».

De acuerdo con esta política, si alguno de los hijos de nuestros empleados tenía una necesidad de cualquier tipo, los empleados se ocupaban de cuidar del niño primero, y el trabajo venía en segundo lugar. Podían quedarse en casa con un niño enfermo, llevar a sus hijos al médico y salir de inmediato si un niño tenía problemas o necesidades en la escuela.

También dejamos claro que no habría deducciones salariales o requisitos para recuperar el tiempo. Todo lo que pedimos fue que traspasaran sus responsabilidades inmediatas a otra persona para que no se suspendiera el servicio a nuestros clientes.

Hemos mantenido esta política desde hace más de veinte años, y no hemos experimentado ningún problema por ello. De hecho, es probable que nos haya traído más buena voluntad y cooperación de los miembros de nuestro personal, tanto de los que tienen hijos como de los que no, que con cualquier otra cosa que hayamos hecho.

La claridad viene a continuación

La segunda cualidad de los altos directivos es que establecen tareas claras para que todo el mundo sepa exactamente lo que se espera de ellos (como hemos hablado en el capítulo anterior sobre la GPO). Los mejores jefes son los que tienen absolutamente claro lo que hay que hacer, quién ha de hacerlo y a qué nivel.

Si sitúas la consideración en el eje X y la claridad en el eje Y de un gráfico (como se muestra aquí) y lo divides en cuatro cuadrantes, de menor a mayor consideración en un eje, y de baja a alta claridad en el otro, tendrás cuatro tipos diferentes de jefes. Los primeros son aquellos con un bajo nivel en consideración y en la claridad de las tareas. Estos son los jefes confusos e indecisos y que hacen que sea casi imposible funcionar con un alto nivel.

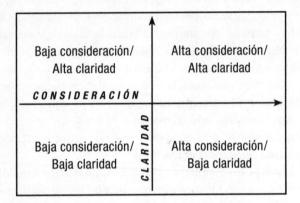

En el segundo cuadrante irán los jefes con un alto nivel en consideración y agradables para trabajar, pero vagos y poco claros sobre las tareas o la estructura de la empresa. Estos jefes son generalmente ineficaces, y sus equipos funcionan a niveles bajos.

En el siguiente cuadrante van los jefes centrados en las tareas, pero que no prestan mucha atención a su gente. Pocas veces les hacen preguntas sobre su vida personal. Este tipo de jefe será efectivo en un ambiente de trabajo muy exigente y rápidamente cambiante. Pero puesto que las personas son en gran medida emocionales, a la larga quedarán insatisfechas cuando sientan que su jefe, la persona más importante de su vida laboral, en realidad no se preocupa mucho por ellos.

El cuarto cuadrante es el de aquellas personas que tienen un alto nivel en consideración y tienen muy claras las tareas que cada persona tiene que cumplir. Estas personas son lo que llamamos un jefe 10/10. Puntúan con diez en los dos grados críticos que configuran la excelencia en la gestión.

Tu trabajo consiste en equilibrar continuamente estas dos sensibilidades: cuidar de tu gente haciéndoles preguntas sobre su vida fuera de la oficina, y darles instrucciones claras sobre lo que tienen que hacer exactamente. Es un acto de equilibrio interminable.

Dales libertad

La tercera cualidad de los mejores jefes es que dan una gran libertad a la gente para que hagan su trabajo como mejor les parezca. Confucio tenía un dicho: «Con los mejores líderes, cuando el trabajo esté hecho, la gente dirá: "Lo hicimos nosotros solos"».

Los empleados describen a los mejores jefes como personas que en gran parte los dejaron solos para que hiciesen el trabajo. Una vez que el jefe había asignado una tarea y delegado por completo, se apartaba del camino de los miembros de su personal y les daba una gran libertad para decidir exactamente cómo alcanzar la meta.

El momento en el que las personas son más felices en el trabajo (y probablemente sepas esto desde tu experiencia propia como empleado) es cuando trabajan de forma autónoma. Esto no significa que la gente deba trabajar «por encima de su nivel salarial» o que hagan más de lo que sean capaces de hacer. Esto significa que el trabajo debe estar claramente explicado y que entonces la gente sea libre para hacerlo como les parezca que es mejor. No debe haber nadie mirando por encima de su hombro o que les acose con horarios y detalles.

Una vez que asignas una tarea, ¿qué grado de libertad das a tus empleados para que hagan esa tarea por su cuenta?

Toma la decisión de mejorar en las tres áreas

Decide ya que vas a mejorar en la expresión de cuidado y consideración por cada uno de los miembros de tu personal, y en el esclarecimiento de la tarea y la estructura del proyecto que se tiene que realizar. A continuación, da a cada persona tanta libertad como te sea posible para que haga el trabajo a su manera.

Así como la GPO genera confianza y competencia en tus subordinados, los mejores jefes hacen lo mismo. Son capaces de dar a sus equipos días e incluso semanas de libertad con ciertos proyectos sin preocuparse por ellos. Tienen plena confianza de que el trabajo se terminará a tiempo y dentro del presupuesto.

NUEVE

Las siete claves de la delegación eficaz

EL PROPÓSITO de este libro es darte las habilidades que necesitas para ser absolutamente excelente delegando tareas a los demás, para el resto de tu carrera. Hay cientos, si no miles, de libros, artículos y cursos sobre este tema. Muchas de las ideas que enseñan pueden resumirse en estas siete competencias clave.

Empareja a la persona con el trabajo

La primera habilidad para la delegación efectiva es que emparejes el trabajo con las habilidades y capacidades y el nivel de motivación del subordinado. Esto no quiere decir que no puedas dar a la gente tareas que sean más difíciles de lo que están haciendo ahora, pero es importante que no les des funciones demasiado difíciles o que estén más allá de sus capacidades actuales de forma que tengan pocas posibilidades de éxito.

Mantener a una persona incompetente en una posición clave hasta mucho tiempo después de que sea evidente que la persona no es apta para el trabajo es una de las razones por las cuales las empresas terminan fracasando. En esta situación, el jefe o a menudo el director general asignan la persona equivocada a un trabajo. Luego, por razones de ego, la persona que delega el trabajo no está dispuesta a admitir que ha cometido un error: el individuo no es lo suficientemente competente para hacer el trabajo.

Me asombra cómo muchas empresas sufren pérdidas sustanciales, e incluso van a la quiebra, debido a que el consejo de administración ha asignado un director ejecutivo que está, obviamente, poco capacitado para este puesto en particular. El director general o ejecutivo puede haber sido excelente en una posición anterior, con una empresa anterior de una industria diferente, pero en esta situación específica no es capaz de obtener los resultados requeridos.

Delega gradualmente

La segunda clave para la delegación efectiva es delegar gradualmente, para que puedas desarrollar la confianza en una persona nueva. Es cierto que quieres comenzar fuerte con una nueva persona, dando al nuevo trabajador montones de pequeñas tareas desde el principio. Pero en lo que respecta a las tareas más grandes y más importantes, delega gradualmente. Deja que el empleado te demuestre durante un período de tiempo que tiene la capacidad de administrar asignaciones y tareas cada vez más grandes. De lo contrario, los individuos menos competentes pueden sentirse abrumados y crear muchos más problemas de los que resuelven.

Delega la tarea completa

La tercera clave es delegar toda la tarea. Uno de los motivadores clave en el mundo del trabajo es ser completamente responsable de una tarea de principio a fin. Una responsabilidad del cien por cien en la realización de una tarea genera confianza, competitividad y autoestima.

Cada uno de tus empleados, en todas las posiciones, debería tener al menos un trabajo que sea totalmente propio. Este es un trabajo del que son responsables al cien por cien. Si no hacen ese trabajo, no será realizado por nadie más.

Muchas empresas cometen el error de asignar un solo trabajo a dos o más personas. Los gerentes especulan que, si una persona está ocupada o no está disponible, la otra persona intervendrá y tomará el relevo. Lo que pasa es que ninguna de las dos se siente responsable de la tarea. Se convierte en una «posición huérfana». Para resolver este conflicto potencial, también es necesario *asignar responsabilidad exclusiva*. Es decir, hacer a una persona exclusivamente responsable de la finalización con éxito de la tarea, y dejar muy claro a aquellos en las posiciones de respaldo que su trabajo consiste en intervenir cuando la persona clave no esté disponible o no pueda cumplir con la función. Pero solo una persona es *dueña* del trabajo.

Deja que tus empleados sepan cuándo son totalmente responsables de una función importante. Los empleados demuestran una mayor lealtad, compromiso y dedicación a la organización cuando tienen un sentido de pertenencia y de empoderamiento personal.

Delega resultados específicos

La cuarta clave para la delegación efectiva es delegar sobre resultados específicos. Ayuda a tus empleados a tener muy claros los resultados que se esperan de ellos respecto a la realización de una tarea en particular, y no simplemente las actividades que tienen que realizar cada día.

Sigue recordando a la gente los *logros* para los que han sido contratados. La manera de edificar a personas de alto rendimiento en tu negocio es mantenerlos enfocados en el logro de los resultados todo el tiempo. Cuanto más específicos y medibles sean los resultados que los empleados puedan lograr en su trabajo, más felices y más motivados estarán. Se sentirán como «ganadores».

Fomenta la participación y la discusión

La quinta habilidad que necesitas es delegar con participación y debate. Recuerda, hay una relación directa entre la conversación y el compromiso. Cuando los empleados tienen acceso a su jefe, se comprometen más para hacer bien el trabajo. Cuanto más pueden las personas discutir el trabajo con su jefe, más *interiorizan* el trabajo y aceptan la propiedad para su realización exitosa.

Si simplemente dices a la gente que haga algo y luego vuelves a lo tuyo, tus empleados no mostrarán mucho compromiso con el trabajo. Pero si lo discutes con ellos y participan en el desarrollo de un plan para elaborarlo, se comprometerán a hacerlo bien. Cuando explicas por qué, cómo y los estándares claramente, y ellos tienen la oportunidad de comentar y hacer preguntas, se ponen en marcha sintiéndose como si fueran dueños del trabajo. Les pertenece. Están a cargo y al control.

Delega autoridad y responsabilidad

La sexta clave: delega una autoridad acorde con las responsabilidades del trabajo. Si se trata de una gran tarea, di a tus empleados cuánto tiempo van a tener y a quién más pueden pedir ayuda. Deja clara la cantidad de dinero que pueden gastar en el cumplimiento de su función y los demás recursos que hay disponibles para ellos.

Un gran error que los directivos cometen es *subestimar* lo que los empleados requerirán para hacer el trabajo correctamente, a tiempo y dentro del presupuesto. Ellos subestiman la cantidad de tiempo que se necesitará para completar el trabajo y los costos económicos de las actividades precisas para cumplir con la responsabilidad. El proceso de delegación por sí mismo puede ayudar: cuando los jefes discuten la asignación con sus subordinados, por lo general se dan cuenta de la cantidad de tiempo y dinero que realmente hace falta para ello, y deciden, en consecuencia, que el trabajo tiene una prioridad tan alta como los otros.

Deja a la persona a su aire

La séptima y última clave para la delegación efectiva es que una vez que hayas delegado una tarea, dejes a la persona a su aire. Da al subordinado la responsabilidad total del trabajo. No vuelvas a tomarlo.

Tú puedes inadvertidamente «retomarlo» controlando continuamente a la persona, pidiendo demasiados informes y luego haciendo comentarios y recomendando cambios en los procesos o instrucciones. Algunos gerentes tienen el terrible hábito de adueñarse literalmente de las actividades y tareas después de que hayan sido delegadas. Esto deja a los empleados con la sensación de que la responsabilidad no es suya.

Tu capacidad de delegar y después asegurarte de que el empleado cumple es el factor determinante de tu éxito como gerente. Con la delegación, tu potencial es ilimitado. Sin la habilidad de delegar, tendrás que hacerlo todo tú.

DIEZ

Gestión por excepción

TU RECURSO MÁS VALIOSO es tu tiempo. Si eres como la mayoría de las personas que dirigen, estás abrumado con demasiadas cosas que hacer y muy poco tiempo para hacerlas. Cada hora de cada día, entran más tareas; es como una línea de producción rota que no puedes detener o desactivar.

Para alcanzar tu pleno potencial, debes utilizar todas las técnicas posibles para hacer más cosas en menos tiempo. Una de las mejores técnicas se llama «gestión por excepción».

En el curso normal de la gestión, tu trabajo consiste en hacer las cosas por medio de los demás. Analizas la tarea, la asignas a la persona adecuada y luego supervisas y vigilas para asegurarte de que esta se realiza a tiempo.

Reduce el tiempo de gestión

Con la gestión por excepción, sin embargo, puedes minimizar el seguimiento, el control y la presentación de informes relacionados con cualquier tarea delegada. Una vez hayas determinado claramente el trabajo por hacer, cuándo y cómo se hará, y cómo se va a medir, a continuación asigna el trabajo completo y solo pide que el empleado venga a ti si hay un problema, retraso o dificultad de cualquier tipo.

Deja claro que si el trabajo va según el tiempo acordado y dentro del presupuesto, no es necesario presentar informes. El subordinado es libre para trabajar. «Que no haya noticias es una buena noticia», ese es tu lema.

La gestión por excepción (GPE) es una herramienta tremenda de ahorro de tiempo para el administrador. La forma de usarla es sencilla. Tan solo tienes que decir: «Si todo va bien y según la fecha prevista, no hay necesidad de que me lo digas regularmente. Solo mantenme informado de vez en cuando con un correo electrónico, y aparte de eso eres libre para maniobrar».

Establece metas financieras

Por ejemplo, si el trabajo consiste en vender 1.2 millones de dólares en productos a lo largo de doce meses, eso hace cien mil dólares al mes. Si las ventas van al ritmo de esos cien mil dólares o más por mes, no hay necesidad de informar. Sin embargo, si las ventas caen a ochenta mil dólares o incluso a noventa mil, esto es un cambio respecto a lo acordado en el mínimo y debe informarse a la persona que sea en última instancia responsable de los resultados de las ventas.

Haz planes y citas

A menudo te encontrarás en situaciones donde sentirás que tú o la otra persona necesitan confirmar una determinada hora, lugar y fecha de una reunión, o la finalización de un trabajo de algún tipo. En este caso, gestionas por excepción. Solo tienes que decir: «Vamos a planear la conversación por teléfono a las 3:00 p.m. el jueves. Si, por lo que sea, no es posible mantener la cita, uno de nosotros puede ponerse en contacto con el otro. De lo contrario, hablamos el jueves a las tres, ¿de acuerdo?».

En lugar de hacer comprobaciones continuamente, coincide en una hora determinada o resultado y luego sugiere que diriges por excepción. «Te llamo, o me llamas a mí, solo si hay una alteración de lo que ya hemos fijado».

La GPE funciona casi todo el tiempo

Es sorprendente descubrir que cuando gestionas por excepción, en el noventa por ciento de los casos no es necesario más contacto o comunicación y todo sale según lo previsto. Como orador profesional y líder de seminarios, he reservado compromisos en sesenta y un países. Viajar a tantos lugares, y hablar de una gran variedad de temas, requiere una enorme cantidad de coordinación, especialmente cuando se trata de la reserva de vuelos que me han de llevar a mi destino a tiempo para el seminario.

En cada caso, me doy un margen de seguridad en términos de agenda, pero siempre les digo a mis clientes que no se preocupen. Yo les aseguro que si hay alguna desviación del horario de llegada acordada, se lo haré saber con suficiente antelación. Y lo hago. Mediante la gestión por excepción, soy capaz de trabajar sin problemas con decenas de clientes en decenas de ciudades de todo el mundo cada año.

ONCE

Mírate a ti mismo como profesor

UNA DE LAS RESPONSABILIDADES clave del gerente es enseñar a los empleados cómo hacer el trabajo, y utilizar la delegación como herramienta de enseñanza.

Cuando fui ascendido por primera vez a la dirección, como resultado de haber hecho un buen trabajo como empleado, me encontré tratando con personas que estaban siempre preguntándome cómo hacer un trabajo en particular.

A veces, estas personas eran graduados universitarios; otras veces eran experimentados hombres de negocios. Pero cuando me sentaba con ellos para delegar una tarea, me miraban con perplejidad. A veces, se les veía un poco incómodos y nerviosos. Finalmente me di cuenta de que esta inseguridad era porque no sabían cómo hacer el trabajo que les estaba pidiendo que hicieran.

Mi malentendido con la gestión

Por supuesto, yo estaba irritado. Después de haber trazado mi camino independientemente, y habiendo aprendido casi todos mis conocimientos a base de estudio y práctica, asumí naturalmente que otras personas sabrían las cosas que yo hacía, sobre todo las cosas simples. Fue una verdadera revelación darme cuenta de que la razón de que me hubieran ascendido fue que había dominado una variedad de tareas pequeñas y grandes. La razón por la que otros eran mis subordinados era porque todavía no habían aprendido o dominado las mismas tareas.

Tu trabajo es enseñar

Fue en este momento cuando me di cuenta de que una de mis principales responsabilidades del trabajo era enseñar a la siguiente generación de empleados y directivos potenciales que eran actualmente mis subordinados. A la mayoría de los empleados, especialmente los trabajadores jóvenes, se les debe enseñar cómo hacer el trabajo, incluyendo los procesos y los procedimientos correctos. La enseñanza no era una distracción o una cuestión secundaria. La enseñanza era una parte esencial de la liberación de mi propio tiempo para que yo pudiera hacer tareas de mayor relevancia y valor y delegar a mis subordinados las tareas de menor importancia y valor que yo ya había dominado.

Tómate tiempo para explicar tu método preferido de trabajo. Por ejemplo, si vas a pedir a alguien que haga un trabajo, di: «Esta es la mejor manera de hacer esta tarea, basándome en mi experiencia. Siguiendo este proceso, empiezas aquí, haces esto y aquello, y te mantienes alerta sobre esto otro que podría suceder». Esta es la manera de enseñar y hacer crecer a la gente para el futuro.

Nunca asumas conocimientos de antemano

Nunca asumas que tus subordinados saben lo que tú sabes. Una vez contraté (después de tres entrevistas) a un hombre trabajador y decidido que había recibido una Maestría en Administración de Negocios de una universidad líder. En su segundo o tercer día de trabajo, le di un archivo sobre una propiedad y le pedí que preparara un «pro forma» para mí.

Más de una semana después (y después de haber realizado mi petición unas cuantas veces), este nuevo empleado admitió que no tenía ni idea de lo que era un pro forma. No me lo podía creer. Un pro forma es un documento básico que simplemente expone los ingresos completos disponibles de un proyecto, descuenta todos los costes de ese proyecto y da un beneficio o tasa de retorno de la inversión total, con fechas y plazos. Sin embargo, este señor, con una maestría, no tenía ni idea de lo que era, no tenía ni idea de por dónde empezar, y ni siquiera sabía cómo obtener la información necesaria de un libro de texto, de un manual o de Internet.

Sé claro y específico

Di a los empleados lo que quieres que hagan, y por qué. Este paso es fundamental por la sencilla razón de que si la gente sabe lo que prefieres y por qué, y entiende las fortalezas y debilidades de tus métodos, no solo son más propensos a hacer el trabajo más rápido, sino que también son más capaces de ver las dificultades y dar con mejoras en las que tal vez no habías pensado desde la última vez que hiciste ese trabajo.

Como profesor, sé paciente, comprensivo y alentador. Recuerda que se necesita tiempo para que las personas aprendan e interioricen informaciones nuevas. La mayoría de las personas aprenden dialogando o *discutiendo* el tema. Si alguien te hace un montón de preguntas y acude a ti varias veces, no te impacientes. Tu impaciencia acabará por disuadir a tus empleados de hacer preguntas y obtener las respuestas que necesitan.

Anima a hacer preguntas, proporciona respuestas

Si disuades a la gente para que no haga preguntas, tratarán de hacer el trabajo por su cuenta, sin tu colaboración, con el fin de complacerte. Y muy a menudo cometerán errores que te costarán mucho más tiempo y dinero que si te hubieses tomado el tiempo de explicar el trabajo a fondo con antelación.

En el proceso de enseñanza, invita a formular preguntas, y también da respuestas. Di a los empleados: «Si tienen alguna pregunta, vengan a verme. Si tienen algún problema, estoy a su servicio».

Alienta a los empleados a que acudan a ti con regularidad para pedir consejos y puntos de vista. Si tienes alguna duda sobre su capacidad de hacer el trabajo, elabora un calendario de seguimiento e información, con el que te sientes a revisar su progreso cada semana, o incluso todos los días, si el trabajo es muy importante.

Enseñar a la gente cómo hacer trabajos concretos es una forma efectiva de multiplicar tu producción. Una vez que hayas invertido tiempo en enseñar a una persona a hacer un nuevo trabajo correctamente, puedes delegar ese trabajo y recurrir a tareas más importantes.

DOCE

Construye confianza dentro de tu equipo

LA CUALIDAD MÁS importante para la felicidad y el alto rendimiento es la confianza en uno mismo. Suele suceder que todos tendemos a sentirnos un poco inseguros con nosotros mismos al comenzar una nueva tarea o proyecto. La tarea del gerente es minimizar el miedo y maximizar la motivación.

Tal vez la forma más poderosa de construir confianza en los miembros de tu personal sea expresar continuamente tus expectativas positivas sobre ellos. Las expectativas positivas son un importante constructor de confianza y quizás el motivador más consistentemente predecible de la actuación humana.

Espera lo mejor

La Ley de Expectativas dice: «Todo lo que esperes, con confianza, se convierte en tu propia profecía autocumplida».

De niños, las expectativas de nuestros padres ejercen una influencia excesiva en nuestro comportamiento y en quienes nos convertimos de adultos. Cuando tus padres expresan continuamente expectativas positivas acerca de tu capacidad para tener éxito en las cosas que emprendes —sacar buenas notas, ser bueno en los deportes y demás— tiendes a vivir a la altura de estas expectativas para ellos.

Estás muy influenciado por las expectativas de tus compañeros y hermanos a medida que creces. Los jóvenes que vienen de un ambiente con altas expectativas siempre actúan a niveles más altos y tienen más éxito que las personas que vienen de un entorno en el que han sido continuamente criticados o desalentados.

Como padre, tus expectativas sobre tus hijos tienen una poderosa influencia en la determinación de cómo van a ser de adultos. Los mejores padres siempre expresan expectativas positivas para sus hijos en todas las áreas.

El jefe como figura paterna

En el mundo del trabajo, el jefe se convierte en la figura paterna. Las expectativas del jefe ejercen una influencia desmesurada sobre cada empleado. Para bien o para mal, la gente tiene una tendencia a vivir a la altura de nuestras expectativas sobre ellos y su rendimiento. Las expectativas que tienes de tus empleados, así como las expectativas que tu jefe tiene de ti, ejercerán una poderosa influencia sobre lo bien que funcionamos en el trabajo.

Expresa siempre confianza en tu gente. Di cosas como: «Sé que puedes hacer un buen trabajo. Tengo plena confianza en ti. Yo creo en ti y en tus habilidades».

Incluso si, en tu interior, albergas dudas sobre tu empleado, expresa tu confianza igualmente. Descubrirás que tus empleados harán todo lo posible para demostrar que tienes razón. Solo por este motivo, deberías expresar las expectativas de tu confianza en ellos en todo momento.

Fija estándares altos

Además de decir a tus subordinados que sabes que pueden hacer un buen trabajo, invítales a acudir a ti para consejo y orientación si tienen alguna dificultad. Asegúrales que les vas a dar toda la ayuda que necesiten.

¿Qué tipo de expectativas tienes para cada uno de los miembros de tu personal? Incluso si no dices nada, tus expectativas pueden ser percibidas por cada empleado. Así que, cuando delegues una tarea o responsabilidad, expresa expectativas de confianza en la capacidad de la persona para hacer el trabajo, y para hacerlo bien. Anima continuamente al empleado y refuérzalo para que vaya hacia el cumplimiento del trabajo con una excelente conducta.

Perfecciona a tu gente

La regla es que siempre debes «¡esperar lo mejor!». De hecho puedes perfeccionar las cualidades y características de las personas diciéndoles constantemente lo buenas que son, y cómo esperas que demuestren estas cualidades. Como dijo Churchill: «Si quieres influir en otro, atribúyele una cualidad que no tiene, y él hará todo lo posible para demostrar que tienes razón».

Por encima de todo, espera siempre lo mejor de ti mismo. Recuerda, siempre vivirás a la altura de tus propias expectativas. Nunca puedes ser mejor en el exterior de lo que esperas poder ser en tu interior. Mantén alto el baremo *de ti mismo*.

TRECE

Delega la toma de decisiones

LA ÚNICA MANERA de desarrollar la sabiduría, el juicio y la previsión de tus subordinados es delegarles la toma de decisiones y la resolución de problemas. También es una de las cosas más difíciles de hacer para el gerente. Los administradores consideran que su principal responsabilidad es la resolución de problemas y la toma de decisiones, y con razón. Pero delegar estas tareas a los demás, a pesar de que puedan cometer errores, es esencial si quieres desarrollar la autoconfianza y la autosuficiencia en tu personal.

La delegación de la toma de decisiones es un motivador potente, y también un poderoso forjador de personas. Úsala en cada ocasión. Cuando tu gente acuda a ti para una decisión, siempre que sea posible, devuélveles la decisión.

En lugar de decirles qué hacer, debes preguntar: «¿Qué crees *tú* que deberíamos hacer?».

Hazles responsables

Mejor aún, cuando alguien te traiga un problema, simplemente dile a esa persona: «Tú eres responsable. Encárgate de ello». Las personas de éxito de todos los campos tienen una intensa orientación a las soluciones. Se fijan en las soluciones, piensan en las soluciones y se concentran en las soluciones. Como resultado, se vuelven cada vez mejores resolviendo los problemas de la vida diaria del negocio y desarrollando aún más soluciones.

A veces pregunto a mi audiencia en las conferencias de negocios: «¿Hay alguien aquí que tenga algún problema?».

Todas las manos de la sala se alzan. Entonces yo digo: «Por supuesto. Todo el mundo tiene problemas. Vienen como las olas del océano, de forma continua y sin interrupción. La única cuestión es: "¿Cómo de bueno eres con la resolución de los problemas cotidianos?"».

El único descanso que tendrás en el río continuo de los problemas que fluyen por tu vida es la *crisis* ocasional. Según algunos expertos, cada dos o tres meses tendrás una crisis que puede encerrar tu negocio o tu vida en un bucle si no la tratas de manera eficaz. Puede ser una crisis financiera, una crisis empresarial, una crisis personal, una crisis de salud o una crisis familiar. Pero todo en la vida es una serie interminable de problemas y crisis.

Los problemas pueden ser oportunidades

Un objetivo no logrado es un problema no resuelto. Un objetivo no satisfecho de ventas o cuotas es un problema que hay que resolver. Un reto con un miembro del personal o un compañero de trabajo no es más que un problema que hay que tratar.

La buena noticia es que tu capacidad para resolver los problemas que enfrentas a diario es el factor determinante de tu éxito, progreso y ascenso en tu trabajo. Cuando demuestres la habilidad, el conocimiento y el temperamento para resolver los problemas con eficacia, serás ascendido y se te darán problemas y situaciones que tratar aún más importantes. Como dijo Henry Kissinger: «La única recompensa que se obtiene de la resolución de problemas son problemas cada vez más grandes que resolver».

Continúa haciéndote más competente

Las personas de más alto rendimiento siempre están pensando en términos de soluciones: qué pueden hacer para resolver el problema, retirar el obstáculo y lograr el objetivo. La gente que rinde a medias, por el contrario, siempre piensan en quién tiene la culpa del problema, lo que los vuelve enfadados e ineficaces.

Colin Powell dijo: «El liderazgo es la resolución de problemas». El éxito también es la capacidad de resolver problemas. En lugar de enfadarte o culpar a otros cuando algo sale mal, debes ver cada problema como una oportunidad para crecer y desarrollarte como gerente y como ejecutivo.

Lo mismo ocurre con los miembros de tu personal. La forma en que les ayudas a ser más competentes, seguros y valiosos es dándoles problemas para resolver, y luego ayudarles a ser excelentes en el proceso de resolución de esos problemas. Y cuantos más problemas puedan resolver por sí solos, menos problemas tendrás que enfrentar tú personalmente.

Una de tus principales tareas como gerente es ayudar a que los miembros de tu equipo acepten que su capacidad para resolver problemas es clave para su futuro. Predica con el ejemplo. Evita hablar del pasado, o de lo que ha sucedido y de quién es la culpa. En cambio, céntrate en el futuro. Céntrate en la solución. Céntrate en las acciones que pueden tomarse de inmediato para resolver el problema o minimizar el daño. Este es el tipo de pensamiento que conduce a un alto rendimiento como individuo y como parte de una organización.

El proceso de resolución de problemas

Antes de que la gente vaya a ti con un problema, de ahora en adelante, oblígales a seguir un proceso en cuatro pasos de resolución de problemas y toma de decisiones. Muchos ejecutivos utilizan este proceso para reducir significativamente el número de problemas que se acumulan en su puerta.

1. *Escríbelo.* Pide que los miembros del personal definan claramente, por escrito, el problema o la decisión que debe tomarse antes de llevártelo.

   Por lo general, el cincuenta por ciento de una discusión de resolución de problemas se emplea en aclarar cuál es el problema en primer lugar. Muchas discusiones van en círculos porque no hay un acuerdo común sobre la dificultad u obstáculo con que la gente está tratando. Cuando insistas en que la gente escriba primero el problema que hay que resolver antes de llevártelo, te sorprenderá descubrir que, en la mayoría de los casos, no tendrán que acudir a ti para nada. La respuesta o la solución será evidente tan pronto como el problema sea definido con claridad. En medicina se suele decir: «Un diagnóstico preciso es la mitad de la cura».

2. *Determina las causas.* Haz que los empleados definan las causas del problema o las razones por las que este se produjo. ¿Por qué y cómo se produjo este problema? Una vez más, hazlo sobre el papel. Haz una lista. Cuanta mayor claridad tengas con respecto a lo que causó el problema, más fácil será para ti hallar una solución eficaz.

3. *Identifica las soluciones.* Haz que los miembros del equipo identifiquen todas las posibles soluciones al problema, o todas las alternativas de acción que puedes tomar. Cuantas más soluciones puedas aportar a un problema, más probabilidades hay de llegar a la solución correcta, o a la combinación adecuada de soluciones. Como regla general, ten cuidado con cualquier problema para el que solo haya una solución.

4. *Toma una decisión.* Pide a los miembros del equipo que seleccionen la solución que ellos sienten que sería la mejor para esta situación, y haz que expliquen por qué. ¿Qué razones darían para la elección de esta solución en lugar de hacer otra cosa?

Solo después de que tu equipo haya pasado por estas cuatro partes del proceso de resolución de problemas deberían ir a ti para tu participación y consejo.

Los gerentes que implementan este sencillo proceso se sorprenden al descubrir que más del setenta y cinco por ciento del tiempo que perdían en las discusiones para resolver problemas con el personal se evapora. La gente viene con sus propias ideas y soluciones y las ponen en práctica sin llegar hasta el jefe.

Este proceso de cuatro pasos es algo que también puedes hacer como gerente. Cada vez que tengas un problema de cualquier tipo, en primer lugar, defínelo claramente. En segundo lugar, determina cómo ocurrió el problema o cómo se produjo. En tercer lugar, desarrolla una variedad de soluciones o respuestas al problema y, por último, en cuarto lugar, decide cuál de esas soluciones es la mejor... habiéndolas considerado todas.

CATORCE

Examina tus expectativas

SI UNA TAREA es tan importante como para delegarla, es lo suficientemente importante como para inspeccionarla. La inspección regular es la forma de mantenerte al tanto de las tareas que has delegado. Esto no significa que controlas a la persona todo el tiempo. Lo que significa es que configuras tiempos de supervisión regulares cuando tú (el delegante) y el delegado se reúnen para discutir el progreso.

Cuando estás al corriente de un trabajo que has delegado, transmites al miembro de tu personal que ese es un trabajo *importante*, lo que significa, por extensión, que el empleado es una persona importante. El empleado está haciendo un trabajo importante y por lo tanto es una parte valiosa del equipo. Cuando los miembros del equipo saben que el trabajo que están haciendo es suficientemente importante para que lo compruebes con regularidad, se sienten más valiosos e importantes como individuos.

Puesto que te preocupas por la tarea y su progreso, los miembros del personal se esforzarán por hacer un mejor trabajo y llevar a cabo la tarea incluso antes de lo que lo harían si delegases y luego te desentendieras.

Tú eres responsable

La delegación no es abdicación. A pesar de haber delegado una tarea a un subordinado, tú sigues siendo responsable ante tus superiores de los resultados. Si fracasas al inspeccionar el trabajo que has delegado, en realidad estás abdicando del trabajo. Te eximes de la responsabilidad, algo que no puedes hacer en ningún caso.

Si abdicas de la responsabilidad de un trabajo al ignorar el progreso, lo más probable es que los errores sucedan, lo que será caro de corregir en términos de tiempo y de dinero.

Deambula regularmente

Una de las técnicas de gestión más populares se llama gestión por deambulación (MBWA por sus siglas en inglés). La razón por la que la MBWA es tan eficaz es que es la mejor manera de que recibas una respuesta a tiempo sobre las actividades de tu personal. Una respuesta a tiempo significa que puedes descubrir lo que está sucediendo en tiempo real, y actuar sobre ello con rapidez si es necesario.

Cuando «deambulas» no tienes que esperar una semana o un mes para saber qué es exactamente lo que está ocurriendo en tu negocio. Cuando paseas alrededor y hablas con la gente, preguntándoles cómo se encuentran, te darán información periódica y oportuna que puedes utilizar para ser un mejor gerente.

Cuando practiques la gestión por deambulación, inspeccionando y controlando el trabajo en persona, verás muy rápidamente si la gente tiene más trabajo del que puede asumir y deben hacer más o menos para volver a estar en equilibrio. Es posible que descubras que algunas personas no tienen la capacidad para hacer el trabajo tal como lo requieres, o necesitan la ayuda de otros para hacer una parte del trabajo en la que no son competentes.

Si detectas que un trabajo es demasiado grande o difícil para la persona asignada, prepárate para modificar la tarea si es necesario. En nuestra economía dinámica y en el rápidamente cambiante mundo de los negocios, las cosas están sucediendo a tal velocidad que lo que un día parecía una delegación absolutamente perfecta puede necesitar una revisión completa al día siguiente debido a una nueva información. Permanece siempre preparado para modificar la tarea o reasignar el individuo si se da el caso.

QUINCE

Perfecciona a tu equipo con la retroalimentación periódica

UNA DE LAS citas más famosas sobre gestión viene de Ken Blanchard, que dijo: «¡La retroalimentación constructiva es el desayuno de los campeones!».

La retroalimentación regular es un motivador clave en el mundo del trabajo. Si las personas no reciben información periódica sobre sus actividades y su progreso, pronto se desmoralizan y hasta pueden perder el interés en el trabajo. Pueden empezar a concluir que el trabajo que están haciendo o el trabajo que les ha sido delegado no es muy importante.

La retroalimentación regular es una forma clave de comunicación entre tú y los miembros de tu personal. Así como tú te comunicas regularmente con tu cónyuge e hijos, tienes que comunicarte regularmente con cada persona que depende de ti.

Haz retroalimentación neutra

La clave para una retroalimentación exitosa es trasladar tus comentarios *sin prejuicios*. En lugar de enfadarte o impacientarte cuando algo no te satisface, simplemente presenta los hechos de la situación como información objetiva sobre el rendimiento. No insinúes un error o digas cualquier cosa que haga que la persona se ponga a la defensiva.

Por ejemplo, alguien no puede completar una tarea según la fecha prevista. Simplemente envías a esa persona un correo electrónico o hablas con el miembro del personal directamente y dices: «Se supone que este trabajo debía entregarse antes del mediodía del viernes. ¿Cómo lo llevas?».

Tu capacidad para ofrecer una retroalimentación de una manera positiva o neutral aumentará drásticamente la actitud receptiva de los miembros de tu personal a tus ideas y opiniones.

Muchas personas piensan que cuando están ofreciendo una retroalimentación sobre cómo va el trabajo, o acerca de cómo los miembros del personal están haciendo su labor, tienen que decir que lo hacen bien o mal. Pero en la mayoría de los casos, todo lo que tienes que hacer es proporcionar una información neutral que describa la situación tal y como es, sin ser negativo.

Sé como un árbitro

Practica lo que se llama el modelo «marcador» de gestión. Al igual que en el mundo del deporte, en el que el marcador simplemente señala a los jugadores y al público el tiempo y la puntuación, simplemente cuenta a tu gente los resultados de las ventas, la productividad y el rendimiento. Si su marcador «puntúa bajo», subirán rápidamente el ritmo para tener el trabajo a tiempo.

Dile a la gente cómo lo están haciendo con regularidad. Sobre todo si la gente está trabajando bien, házselo saber diciéndoselo directamente. La gente tiende a preocuparse mucho por su trabajo, equiparando su valor personal a su desempeño. Quieren y necesitan saber si lo están haciendo bien, sobre todo en comparación con sus compañeros de trabajo.

Ofrece comparaciones positivas

Anteriormente, en el capítulo seis, hablamos de la «teoría de la comparación social», que afirma que solo nos juzgamos a nosotros mismos en comparación con otras personas que creemos que son similares a nosotros, tanto dentro como fuera de nuestras empresas. Si tu empresa está yendo tan bien o mejor que otras empresas de la competencia, cuéntaselo a tu gente. A la gente le gusta saber que están trabajando en una empresa de éxito, sobre todo en contraste con los competidores en el mercado.

Una forma poderosa de ofrecer retroalimentación es practicar la «gestión por deambulación» (descrita en el capítulo anterior) y capturar a la gente haciendo algo *bien*. Encuentra oportunidades para pasear alrededor y alabar y reforzar el rendimiento y el comportamiento. Cuando le dices a los empleados que están haciendo un gran trabajo, están más motivados para hacer el trabajo aún mejor en el futuro.

Da recompensas inmediatas

Thomas J. Watson Sr., el fundador de IBM, era famoso por pasear por sus plantas, fábricas y oficinas llevando una chequera. Cada vez que veía a alguien haciendo un buen trabajo, se detenía y extendía un cheque a esa persona. Quizá era un cheque de cinco, diez o más dólares, pero el impacto de ese pequeño acto de generosidad era tremendo.

La gente enmarcaba sus cheques de Thomas J. Watson, el «gran jefe», y los colgaban en sus paredes. Se lo contaban a sus amigos y familiares. Presumían de esos cheques ante las personas de sus círculos sociales.

El hábito de ofrecer una retroalimentación positiva regular a tu personal tiene un tremendo impacto en la motivación. Hace que los miembros del equipo sientan que te preocupas por ellos y que eres consciente del trabajo que están haciendo, especialmente si es un trabajo duro o difícil.

Permite los errores honestos

El último paso de la retroalimentación regular es morderte la lengua y permitir que la gente cometa errores. Se ha dicho que los padres critican a sus hijos con más frecuencia de la que los alaban. Esto también es cierto en muchas empresas. Las personas son continuamente criticadas en negativo, y solo de vez en cuando el gerente les hace cumplidos y les refuerza positivamente por un trabajo bien hecho.

Hay estudios sobre lo que hace a una empresa «un gran lugar para trabajar». Tal vez el descubrimiento más importante de estas empresas excelentes sea que las personas afirman que sentían que podían cometer errores y no ser criticadas ni despedidas por esos errores. Las mejores empresas crean un ambiente donde la gente siente la libertad de probar cosas nuevas, a pesar de que es probable que cometan un montón de errores en el camino.

Anímales a dar lo mejor de sí mismos

Mary Lou Retton, la campeona de gimnasia olímpica, contó una vez algo que su madre dijo y que dio forma a toda su carrera. Después de una competición donde Mary Lou no lo había hecho muy bien y estaba decepcionada con su actuación, su madre le dijo: «Mary Lou, no es tan importante que *seas* la mejor como que *des* lo mejor de ti».

De la misma manera, tu objetivo es animar a la gente a dar lo mejor. Dales un flujo constante de elogio y reconocimiento que les permita saber lo importante y valiosos que son para la empresa. La retroalimentación constructiva es ciertamente el desayuno de los campeones.

DIECISÉIS

Motiva a tu personal continuamente

UN SENTIDO POSITIVO de la autoestima y el valor propio es la clave para un excelente rendimiento y un alto nivel de motivación. Cada persona necesita sentirse importante, sentirse como una ganadora. Para hacer que tu gente se sienta ganadora, hay cinco cosas que son necesarias.

En primer lugar, fomenta la autoestima en tu personal mediante el establecimiento de metas y objetivos claros a los que aspirar. *No puedes acertar en un blanco que no puedes ver.*

En segundo lugar, establece estándares medibles y alcanzables para que la gente sepa lo bien que lo están haciendo durante el proceso de lograr sus objetivos.

Tercero, estructura el trabajo para que la gente realmente logre las metas que se fijan y tenga la sensación de éxito. Tu trabajo es asegurarte de que las personas «ganan» de forma regular.

Cuarto, practica las expectativas positivas hacia cada miembro del equipo, no importa cómo te puedas sentir interiormente. Di cosas como: «Sé que harás un gran trabajo» o «Tengo plena confianza en ti».

En quinto lugar, ofrece un halago público y reconocimiento por un trabajo bien hecho. No tiene sentido ser un ganador, completar la tarea o lograr la meta si no hay reconocimiento, sobre todo por parte del jefe. Aprovecha cada oportunidad para felicitar al miembro del personal en persona, en público y frente a otras personas del equipo. Cuando ofreces una retroalimentación positiva o elogias a la gente frente a sus compañeros, tiene el doble de potencial de motivación sobre lo que digas en privado. Como resultado, los miembros de tu equipo estarán mucho más motivados para realizar un mejor trabajo en el futuro.

Haz que la gente se sienta importante

Mary Kay Ash, que construyó una de las firmas de *marketing* multinivel (MMN) de mayor éxito en el mundo vendiendo cosméticos para mujeres, recordaba continuamente a la gente que «todo el mundo tiene un cartel en el cuello que dice "Hazme sentir importante"». Ella animaba a sus empleados a tratar a los clientes que conocían como si ellos también llevaran ese cartel alrededor del cuello.

Hay cinco factores de motivación que puedes utilizar todos los días para sacar lo mejor de tu gente. Todos empiezan con la letra *A*:

1. *Aceptación*. La gente tiene la profunda necesidad de ser aceptada por las personas que les rodean. Sobre todo, necesita ser aceptada como importante y valiosa por su jefe. ¿Cómo

expresar una aceptación incondicional? *Sonríe* a la gente de una manera cálida y agradable cada vez que los veas.

Recuerda, incluso cuando pienses que nadie está mirando en el trabajo, *todo el mundo* está mirando. Todo lo que dices o lo que no dices, todo lo que haces o dejas de hacer, es observado por los miembros de tu personal y tiene efecto sobre su comportamiento.

2. *Agradecimiento*. Di «gracias» por cada trabajo o responsabilidad que tu personal adquiere. La palabra *gracias* es de las palabras más poderosas y emocionales en cualquier idioma.

3. *Admiración*. Encuentra algo que admirar en otras personas. Admira su ropa o un accesorio personal como un bolso o una corbata. Admira el pelo, los zapatos y el coche. Asegúrate de *halagar* a las personas cuando hacen algo fuera de lo común. Puede que completasen un trabajo excelente porque se quedaron hasta tarde. Admíralos y felicítalos por lo útiles que son en tu departamento.

4. *Aprobación*. Dale a tu gente un montón de elogios y aprobación. El término *autoestima* se ha definido de hecho como «el grado en que una persona se siente digna de halago». Elogiar satisface una de las necesidades más profundas de la naturaleza humana: sentirse valioso e importante para los demás. Encuentra razones para alabar a los demás. Envía correos

electrónicos a tus empleados para felicitarles, agradecerles y elogiarles por algo que hayan hecho.

5. *Atención*. Escucha atentamente a tus empleados cuando quieran hablar. La gente necesita comunicarse con su jefe. Tienen que poder sentarse, hablar y expresarse libremente.

Sé un buen oyente

A escuchar se le ha llamado «la magia blanca». Practicando las cuatro habilidades de la escucha, puedes lograr un impacto positivo sobre los pensamientos, los sentimientos y las emociones de la persona que a la que estás escuchando.

En primer lugar, escucha con atención, sin interrupciones. Inclínate hacia delante y escucha como si lo que la otra persona estuviera diciendo fuese lo más importante que has escuchado nunca. Este es uno de los más importantes de entre todos los principios de las buenas relaciones humanas.

Segundo, haz una pausa antes de responder. Haz una pausa durante unos segundos, o incluso más, cuando la otra persona haya terminado de hablar. La pausa producirá todo tipo de beneficios. Una pausa crea un silencio en la conversación, que la otra persona suele llenar de ideas y puntos de vista importantes. Una pausa dará a la gente la oportunidad de organizar sus pensamientos. Les das la oportunidad de decidir lo que van a decir a continuación. Además, haciendo una pausa le dices a la gente que sus palabras son importantes para ti, y que las estás considerando cuidadosamente. Y, por último, cuando te detienes, en realidad escuchas a la otra persona a un nivel mental más profundo, lo que garantiza que la mayoría de cosas que hagas y digas estarán bien, evitando decir cosas equivocadas.

Tercero, haz preguntas de aclaración. Nunca presupongas que entiendes completamente lo que el otro quería decir. Si hay alguna posibilidad de malentendido, simplemente pregunta: «¿Qué quieres decir?». Esta es la pregunta comodín que puedes utilizar para aclarar los pensamientos, los sentimientos y las necesidades de cualquier persona que te confía cualquier cosa, en cualquier momento y bajo cualquier circunstancia.

En cuarto lugar, responde. Parafrasea lo que la otra persona acaba de decir. Esta es una de las maneras más rápidas y eficaces de asegurarte de que entiendes completamente lo que la otra persona te está contando. Por ejemplo, di algo como: «A ver si entiendo lo que quieres decir...». A continuación, repite de nuevo lo que la otra persona ha dicho, con tus propias palabras y tu propia versión. Es sorprendente la frecuencia con que oirás que la otra persona dice: «No, no es eso lo que quería decir».

Valora a los demás

Como señalamos anteriormente, la atención es uno de los cinco factores de motivación para hacer que las personas se sientan importantes. Y la regla es que siempre prestas atención a algo o alguien a quien valoras. Cuando formulas preguntas y escuchas con atención a las personas cuando hablan, les estás diciendo claramente que valoras sus pensamientos y opiniones, y por extensión, les valoras como miembros importantes de tu equipo.

DIECISIETE

Practica el liderazgo situacional

DIFERENTES SITUACIONES laborales —de alto o bajo estrés, por ejemplo, o el trabajo con profesionales frente al trabajo con personas no cualificadas— requieren diferentes estilos de liderazgo para una eficacia máxima. No gestionarías un laboratorio de investigación de la misma forma que harías funcionar un equipo de extinción de incendios.

Un factor determinante importante del estilo de liderazgo es la madurez relevante para la tarea del empleado. «Madurez relevante para la tarea» significa simplemente lo bien informada y hábil que una persona es con un trabajo específico en tu empresa. La única manera de desarrollar esta madurez relevante para la tarea es a través de la experiencia práctica y directa.

Conocimiento, habilidad y experiencia

Cuando la gente empieza en un nuevo trabajo, tiene una baja madurez relevante para la tarea y necesita mucha orientación práctica, instrucción y capacitación. Es lo contrario del método «hundirte o nadar» de contratación y asignación de una nueva persona.

El trabajador con baja madurez relevante para la tarea requiere una dirección clara, instrucción paciente, monitorización continua y retroalimentación regular para empezar bien y ganar confianza. En cualquier nuevo trabajo, la formación práctica es una de las maneras más seguras de garantizar el máximo rendimiento para ese trabajo más adelante.

Madurez media relevante para la tarea

Existe una madurez media relevante para la tarea cuando una persona tiene una mejor comprensión del trabajo y un mayor nivel de experiencia. Esta persona requiere discusiones centradas en el resultado y comentarios de su jefe. Una persona que está en este nivel requiere de una descripción clara del trabajo, con metas y estándares definidos, pero puesto que la persona tiene más experiencia, tu control puede ser más flexible. Puedes asignar una tarea con una confianza notable en que el trabajo se cumplirá según la fecha prevista.

Con una alta madurez relevante para la tarea, el empleado es totalmente competente en el trabajo. El empleado es muy capaz de hacer el trabajo sin supervisión y no necesita tener al jefe encima. El papel del gerente con un empleado competente y con experiencia es actuar como consejero, mentor y guía. La naturaleza de tu relación con el empleado ampliamente experimentado será informal y relajada, con intercambio regular y discusión acerca de la labor. Puedes delegar sin vacilación tareas y responsabilidades a los empleados con una alta madurez relevante para la tarea.

Vuelve al principio

Este es un tema crucial: incluso cuando las personas están cualificadas y tienen la experiencia y una alta madurez relevante para la tarea en un trabajo anterior, regresan a una baja madurez relevante para la tarea cuando empiezan en un nuevo trabajo que no han hecho antes. Si recibes una nueva asignación o cambias de una posición de éxito en una empresa a una posición en otra empresa, vuelves al principio. Comienzas otra vez con una baja madurez relevante para la tarea.

Un gran error que los directivos cometen (yo me incluyo) es contratar o ascender a personas que son totalmente competentes en su trabajo actual o previo. La suposición natural es que el individuo que es muy competente en un puesto de trabajo puede cambiar de puesto y ser altamente competente en el nuevo trabajo. Esta casi siempre resulta ser una conclusión falsa.

Evalúa a tu personal

Observa a las personas que trabajan para ti y evalúa si tienen un nivel bajo, medio o alto de madurez relevante para la tarea en sus puestos. A continuación, puedes ajustar tu estilo de gestión y ofrecer formación práctica, o retroalimentación centrada en los resultados o una interacción más relajada, en función del trabajo y el nivel de experiencia del empleado.

DIECIOCHO

Identifica los cuatro tipos de personalidad

ESTANDO CONVALECIENTE por algunos problemas médicos hace un par de años, me mostraba ansioso por entender mi condición y hacía preguntas acerca de los posibles resultados de cada tratamiento disponible, medicina u otro curso de acción. Pronto empecé a notar que casi todos los profesionales médicos con los que hablaba repetían la misma frase: «Cada persona es diferente».

En el mundo laboral, estas palabras también son verdad. «Cada persona es diferente». La tendencia natural de los directivos, teniendo ellos tipos de personalidad diferentes, es la de tratar a los demás como si fueran réplicas exactas de sí mismos. Sin embargo, la gestión eficaz requiere «flexibilidad de personalidad». Tienes que cambiar tu personalidad y enfoque dependiendo de la persona con la que estés trabajando.

Diferentes estilos para diferentes personas

Hay muchas evaluaciones de personalidad e instrumentos desarrollados a lo largo de los años. Tal vez la mejor es la prueba DISC, que divide las personalidades en cuatro cuadrantes. Este instrumento es increíblemente preciso a la hora de definir la personalidad del individuo y determinar las fortalezas, debilidades, deseos y posibles trayectorias profesionales del mismo.

Nunca contratamos a nadie en nuestra empresa sin hacer primero un análisis DISC. Enviamos los candidatos a un sitio web con un código de acceso y les pedimos que pasen de diez a quince minutos respondiendo una serie de preguntas y luego hagan clic a «enviar». Inmediatamente consiguen un análisis completo y preciso de su propia personalidad; simultáneamente, los resultados de la evaluación de personalidad nos llegan a nosotros como empleador potencial.

A continuación debatimos por teléfono con el individuo su evaluación de personalidad. Practicamos una completa transparencia. Revisamos con todos los empleados potenciales lo que sugiere la evaluación sobre su temperamento y compatibilidad con un trabajo o responsabilidad en particular. Es un proceso positivo que tiene por objeto garantizar que sea cual sea el motivo por el que contratemos a alguien, esa persona estará encantada de realizar esa función.

El análisis DISC divide a las personas en cuatro tipos diferentes de personalidad, basándose en la posición que ocupan en un gráfico con dos ejes perpendiculares. El eje vertical varía entre reservado en la parte inferior y extrovertido en la parte superior.

En el eje horizontal, las personalidades van desde la orientada a las tareas en el lado izquierdo a la personalidad más orientada a las personas en el lado derecho. Ahora tienes cuatro cuadrantes y cuatro estilos básicos de personalidad.

La personalidad de director

El primer tipo de personalidad en el cuadrante superior izquierdo (D) es el dominante o lo que yo llamo de tipo director. Esta persona es extrovertida y, al mismo tiempo, está intensamente orientada a las tareas. La motivación principal de este individuo es: «Vamos a conseguir resultados». Este individuo es un excelente empresario, jefe de bomberos o policía, y es adecuado para cualquier tipo de trabajo donde los resultados sean de suma importancia para el éxito de la empresa.

La personalidad de tipo director tiende a ser la de un pensador rápido y decisivo y quiere llegar a la línea de meta inmediatamente. Los directores tienen poca paciencia con los tipos de personalidad del cuadrante S (también conocidos como relatores) debido a su preocupación por la orientación a las tareas en lugar de orientarse a las personas, pero se llevan bien con los tipos del cuadrante C (analistas) porque ambos están enfocados en obtener resultados.

La personalidad socializadora

El segundo cuadrante (I) es el de la personalidad socializadora o expresiva (con la etiqueta de influyente en el modelo DISC). Esta persona valora las relaciones y está orientada a las personas y también es extrovertida. La motivación principal del socializador es: «¡Mírate! ¡Mírame!».

Este tipo es un excelente político, orador, vendedor, ejecutivo o gerente, o le va bien en cualquier otra posición que requiera un alto nivel de interacción positiva con otras personas. Le gusta hablar mucho acerca de sí mismo, y hablar mucho de ti. Por lo general son positivos y entusiastas.

Uno de los peligros de esta personalidad es que los socializadores o expresivos están siempre de acuerdo contigo y rápidamente adquieren compromisos que a menudo olvidan o «desrecuerdan».

La personalidad del relator

El tercer cuadrante (S) —cuadrante inferior derecho— es el de la persona orientada a las relaciones. Para fines descriptivos, llamaremos a esta persona «relator».

Los relatores están muy interesados en los pensamientos y sentimientos de otras personas. Son a su vez más introvertidos y autónomos; son más reservados y no hablan ni gesticulan mucho.

La gente orientada a las relaciones tarda en decidirse y a veces parece dubitativa. Se preocupan por cómo otras personas se verán afectadas por cualquier cosa que digan o hagan. El mayor motivador de los relatores es: «Vamos a llevarnos bien».

Los relatores son excelentes maestros, enfermeros, consejeros y psicólogos; lo hacen bien en cualquier trabajo que requiera trabajar en estrecha colaboración con otras personas. Cuando tratas con una personalidad de relator, tienes que ir un poco más despacio, hacer un montón de preguntas, escuchar atentamente sus respuestas y ser sensible al hecho de que a estas personas no les gustan las prisas o que les presionen para que tomen una decisión.

La personalidad analítica

El cuarto cuadrante (C), en la parte inferior izquierda, pertenece al analítico o pensador, caracterizado como complaciente en el modelo DISC. Esta persona es independiente y tranquila, pero también está muy centrada en las tareas. La motivación principal de esta persona es: «Seamos rigurosos».

Los analíticos son los más adecuados para cualquier trabajo que requiera altos niveles de precisión y bajos niveles de interacción. Prefieren problemas en los que «no haya que hablar». La gente en el cuadrante pensador/analítico suele convertirse en excelentes contables, ingenieros, programadores informáticos, científicos, investigadores, matemáticos y analistas financieros. Se sienten cómodos haciendo largas tareas por su cuenta, con poca interacción con los demás.

Cuando tratas con analíticos/pensadores, debes tomarte un tiempo para presentar tus ideas de una manera lógica y práctica. Les encantan los hechos. Les encantan los detalles. Quieren estar seguros de que no hay margen para error o malentendidos.

Cada persona es diferente

Tu tendencia natural es la de tratar con otras personas como si fueran igual que tú. Pero con la madurez, te das cuenta de que es esencial contar con «diferentes estilos para diferentes personas».

Para llevarte bien con una variedad de diferentes personalidades, a veces tienes que parar y desarrollar una percepción de la otra persona. Entonces te adecuas al paso de esa persona y aprendes a adaptarte a su ritmo y temperamento, sobre todo si quieres influir en ella de alguna manera.

Tu estilo de gestión

Fíjate en tu personal. Tómate tu tiempo para aclarar tu propio estilo de personalidad, que nunca cambia, y luego piensa en los estilos de personalidad de las personas que te rodean, y en cómo puedes relacionarte mejor con ellas.

- *El director*. El director tiene una alta orientación a las tareas y una baja orientación a las personas. Esta persona es impaciente, está orientada al logro, centrada en el trabajo y ocupada con la obtención de resultados. El estilo de gestión correcto aquí es ser objetivo, preciso, directo y rápido… y especificar claramente los resultados requeridos y la forma en que se medirán esos resultados y logros.
- *El expresivo*. Este es un tipo muy social, extrovertido, amable y entusiasta. Estas personas son

generalistas, ven el panorama, son impacientes con los detalles y les gusta mucho la interacción humana. El estilo de gestión más eficaz con los socializadores/expresivos es mantenerlos centrados y aprovechar sus energías donde puedan realizar una mayor contribución. Tómate tiempo para hablar, relacionarte e interactuar con ellos, y luego haz que otros se encarguen de los detalles.

- *El relator*. El relator está orientado a las personas, con un enfoque bajo en las tareas. Sensibles e indecisas, estas personas ponen un gran énfasis en llevarse bien con los demás; les gusta la cooperación, el trabajo en equipo, la amistad y la armonía. Los relatores requieren un estilo de gestión sencillo, con mucha interacción amigable, a ritmo lento y sin sorpresas. Ellos están más preocupados por la sensación, el cuidado y la sensibilidad hacia los estados de ánimo y relaciones con otras personas.

- *El pensador*. Esta persona tiene un alto enfoque en las tareas y uno bajo en las personas. Los pensadores están muy preocupados por los detalles, la precisión y la exactitud, y en ser completos y correctos. El estilo de gestión necesario para el pensador es ser específico, directo, riguroso, con preocupación por los detalles, preciso en el habla, sencillo y controlado.

Los gerentes excelentes dedican tiempo a desarrollar la habilidad de llevarse bien con una gama de diferentes tipos de personalidad. Afortunadamente, esta capacidad viene con la experiencia, y haciendo un montón de buenas preguntas y escuchando atentamente las respuestas. Requiere que cambies deliberadamente tu estilo de gestión a fin de interactuar en mayor armonía con la personalidad básica de la otra persona.

DIECINUEVE

Tres estilos de liderazgo

HAY TRES ESTILOS de liderazgo que han sido analizados con el fin de determinar el estilo más eficaz para un líder en una situación dinámica en la que se espera el máximo rendimiento de cada persona.

El estilo autocrático

El primer estilo de liderazgo es el de la vieja escuela, militar, dictatorial y autoritario. Los gerentes autocráticos son exigentes, inflexibles e insistentes con que son el jefe. Quieren ser obedecidos y respetados. Dicen: «A mi manera o nada». Emplean la desaprobación severa, la crítica y exigentes normas para que la gente haga lo que quieren, dentro del presupuesto y el calendario previstos. Controlan a su personal. Patrullan todo el tiempo y exigen información periódica, informes y procedimientos estrictos.

Este estilo puede funcionar en determinadas situaciones, pero tan pronto como este gerente abandona la escena, todo deja de hacerse. Las personas que trabajan bajo este tipo de jefe generalmente están intimidadas y solo hacen la cantidad mínima de trabajo necesario para evitar meterse en problemas. Cuando el jefe está ausente, se hace muy poco. «Cuando el gato no está, se multiplican los ratones». La parálisis se impone, y nadie está dispuesto a tomar una decisión por miedo a cometer un error.

Las cosas se desmoronan

Uno de mis amigos tenía este estilo autocrático, combinado con un notable instinto empresarial. Como resultado, construyó una gran empresa de mucho éxito con 170 empleados activos en todo el país.

El negocio fue creciendo y era rentable, y ganaba mucho dinero como único propietario y beneficiario de los resultados financieros de la empresa. Pero tenía un problema. Le decía a la gente lo que tenía que hacer. Solo contrataba a personas que hacían lo que él les decía que hicieran, y despedía a las personas que manifestaban cualquier individualidad o independencia de acción.

Su negocio le obligaba a viajar mucho. Pero cada vez que salía de la sede principal, el trabajo se ralentizaba y se frenaba. Nadie podía tomar ninguna decisión. La compañía realmente empezaba a desmoronarse. Cuando regresaba, tenía que entrar en «modo de extinción de incendios». Finalmente tuvo que vender la empresa a alguien que fue capaz de aportar una gestión profesional y que usaba un estilo mucho más flexible de interacción con el personal.

El estilo democrático

El segundo estilo de liderazgo es ideal para ciertas situaciones. En el estilo democrático, el jefe y el personal trabajan juntos para determinar las metas y objetivos y los estándares de medición para cada tarea y actividad. Las tareas y responsabilidades se asignan con consideración, interacción y acuerdo. Los niveles de participación y compromiso son altos. El jefe actúa como un entrenador y mentor para el personal. Se respetan las opiniones de cada persona y las asignaciones de trabajo se cambian cuando es necesario.

El estilo democrático es ideal para la delegación debido a que incentiva un alto nivel de responsabilidad. Aun cuando el jefe está ausente, el trabajo se realiza con niveles altos de calidad. Cada persona se siente personalmente responsable de la productividad global de la empresa, y hay una considerable presión de grupo para asegurarse de que cada persona hace su trabajo.

Si el gerente puede estar fuera del trabajo durante un período indeterminado de tiempo, incluso dos o tres semanas, y la empresa sigue funcionando sin problemas, con niveles elevados de productividad y rentabilidad, entonces el gerente está empleando con éxito un estilo de liderazgo democrático.

El estilo de la carta blanca

Este estilo, también conocido como gestión *laissez-faire*, se produce cuando el jefe da libertad completa a los miembros del personal para determinar las tareas y las normas, sus horas de trabajo, sus modos de interacción, así como sus formas de hacer el trabajo. Se anima a la flexibilidad y la espontaneidad, y se evita la estructura.

Con este estilo, los niveles de armonía son relativamente altos, pero la productividad es baja. Cuando el jefe está ausente, se colapsa la estructura y es relevada por una forma de anarquía. Se hace muy poco. La delegación puede ser peligrosa en un entorno donde se ha dado carta blanca porque las personas no han adquirido el mismo sentido de responsabilidad que se encuentra en el estilo democrático.

El estilo de carta blanca es practicado a menudo por empresarios y otras personas que tuvieron unos inicios humildes y consiguieron alcanzar posiciones de autoridad y responsabilidad por sí mismos. Muy a menudo comienzan un negocio y el negocio crece debajo de ellos. Pero se sienten un poco reacios o culpables por decirle a la gente qué hacer. Como resultado, son reticentes a dar una orientación directa y exigir un cumplimiento específico.

Como la mayoría de la gente es apropiada, utilizan esta libertad de la forma más favorable para ellos mismos. Sin una estructura ni orientación claras, las personas que trabajan bajo una gestión de *laissez-faire* pierden más y más el tiempo con charlas ociosas, actividades de bajo o ningún valor y proyectos privados y personales. A menos que alguien intervenga para implementar descripciones de trabajo claras, definir áreas de resultados clave, establecer estándares de desempeño y construir un equipo efectivo, la empresa o departamento puede deteriorarse gradualmente y llegar a un nivel general bajo.

Como suele suceder, algunos directivos combinan uno o más de estos tres estilos de liderazgo, alternando de uno a otro en función de las demandas del ambiente laboral. ¿Qué estilo de líder tienes tú?

VEINTE

Evita la delegación inversa

WILLIAM ONCKEN, experto en gestión del tiempo, escribió un famoso artículo en la *Harvard Business Review* que ha sido reproducido y leído millones de veces en todo el mundo por la sabiduría que contiene.

En «Management Time: Who's Got the Monkey?» [Gestión del tiempo: ¿quién tiene el mono?], Oncken escribió que «el responsable del siguiente paso en cualquier tarea es propietario de la tarea. Nadie más puede entrar en acción hasta que esa persona haga su parte del trabajo».

En otras palabras, si tu empleado te pide si le puedes ayudar llamando a alguien, recabando alguna información o realizando cualquier otra tarea necesaria para completar el trabajo delegado, ahora eres responsable del siguiente paso. El empleado puede regresar a su oficina y esperar a que hagas «tu trabajo», a gusto con la sensación de que ahora está libre hasta que tú cumplas con tu parte de la tarea.

Cada vez que alguien te pide que hagas una parte del trabajo, estás recuperando la tarea. Estás quitando el «mono» de la espalda de tu subordinado y poniéndolo sobre la tuya. Si no tienes cuidado, puedes convertirte en víctima de una de las enfermedades más comunes en el mundo laboral, la «delegación inversa».

Hay cuatro o cinco áreas donde la gente es muy inteligente intentando revertir la delegación. La primera área implica la información. El miembro del equipo puede decir: «No sé qué hacer o dónde encontrar información. ¿Me puedes ayudar?».

Dale la vuelta

Lo que has de hacer para evitar la delegación inversa en esta situación es darle la vuelta y decir: «Es tu trabajo encontrar esa información. Aquí hay algunos lugares para que mires, pero te toca a ti hacerlo».

Evita comprometerte con la obtención de información para otras personas. Puede ser una gran pérdida de tiempo, y se paraliza el trabajo. Hasta que consigues la información prometida, el empleado está libre. No tiene que hacer nada hasta que tú completas la asignación. Ahora, tú estás trabajando para él.

Más importante aún, en esta era de Internet donde prácticamente toda la información está siempre disponible, la capacidad de buscar y encontrar información es un requisito absolutamente esencial para cualquier empleado en el lugar de trabajo.

Déjales resolver sus propios problemas

La segunda área donde tiene lugar la delegación inversa es cuando la gente viene a ti necesitando la solución para un problema. En lugar de superarlo y aprender de ello, los empleados tratan de delegarlo de nuevo en el jefe. Vendrán a ti y te dirán: «¿Puedes hacerte cargo de esto por mí?».

Tal vez pienses erróneamente: «Yo soy el jefe, con experiencia y conocimiento, así que resolveré este problema». Entonces te dejan con el problema y con el mono a tus espaldas. Para evitar este tipo de delegación inversa, dale la vuelta diciendo: «La solución de este problema es tu responsabilidad. Define el problema con claridad, desarrolla una gama de soluciones, escoge la solución que recomiendes y entonces ven a mí si aún me necesitas».

Recuerda: una de tus responsabilidades principales como gerente es hacer crecer a tu personal, y ayudarles a desarrollar habilidades de resolución de problemas es una de las mejores maneras de lograr precisamente eso.

Oblígales a pensar

Cuando los empleados acuden a ti pidiendo soluciones a los problemas, la mejor respuesta que he encontrado como gerente en los últimos años es decir simplemente: «¿Qué crees que deberíamos hacer en esta situación?». En casi todos los casos, el empleado tiene ya determinado cuál sería el mejor curso de acción. Todo lo que necesita es tu permiso para implementar la solución que ya ha decidido.

Una tercera área en la delegación inversa tiene lugar cuando los empleados necesitan manejar tareas difíciles. A veces, la gente vendrá a ti y te dirá algo como: «Esto es muy difícil para mí. No sé muy bien cómo hacerlo. Nunca lo he hecho antes». A continuación, invertirán la delegación hacia ti, pidiéndote que les ayudes porque eres grande y fuerte y tienes experiencia.

Si no tienes cuidado, tu ego se pondrá por medio y estarás de acuerdo con retomar la tarea para que el trabajo se haga bien. Pero es mejor para ambos si insistes en que la persona aprenda cómo hacerlo, con tu orientación, en lugar de cargar con la tarea y echarla en tu plato, que probablemente ya esté lleno.

Evita tomar partido

Otro ejemplo de delegación inversa es cuando el empleado quiere que el jefe intervenga en los problemas interpersonales. En lugar de enfrentar el problema y la persona y resolverlo, el empleado intenta convertir al jefe en un mediador o un consejero de grupo.

Verás en tu carrera como gerente que la gente no siempre se lleva bien. A menudo está la tendencia de que un miembro del personal venga a ti diciendo que tal o cual persona dijo o hizo tal o cual cosa y que está «muy descontento con esta situación».

Lo que tienes que decir es: «Si tienes este problema con esta persona, entonces debes tomar la iniciativa y resolverlo por tu cuenta». En ningún caso tomes partido o expreses una opinión a favor de uno u otro bando. Por regla general, nunca tendrás la historia completa, y al adoptar una posición debilitas tu autoridad frente a ambas personas en el futuro.

Siéntales juntos

Una de las mejores estrategias en una situación en la que dos personas están teniendo dificultades es llamarlas a ambas, sentarlas y decirles que van a tener que resolver este problema o desacuerdo aquí y ahora.

Una de las técnicas que he descubierto que es eficaz es cerrar la puerta y hacer que ambas partes repitan exactamente lo que te dijeron acerca de la otra persona y de la situación. Entonces se ven obligadas a enfrentarse entre sí y explicar exactamente lo que ha estado causando fricción entre ellas. El resultado inmediato es que las verdades a medias y la retórica incendiaria quedan fuera.

Si conviertes esto en práctica cada vez que surgen conflictos, casi siempre pasa lo mismo. La gente de la oficina pronto se da cuenta de que si van a ti con un problema, se verán obligados a sentarse y hacer frente a la otra persona. Así que, en vez de venir a ti con sus problemas, aprenderán a ir y enfrentarse a la otra persona directamente para aclarar el malentendido.

Hazles responsables

En cada caso, la mejor solución es mantener la presión sobre los empleados, resistir la delegación inversa e insistir en que ellos resuelvan la situación por sí mismos.

A lo largo de tu vida, tanto personal como laboral, te enfrentarás a una plaga de intentos de delegación inversa. Debido a que muchas personas son inherentemente perezosas, siempre están buscando maneras de conseguir que retomes o asumas más trabajo o funciones. Debes resistir esta tentación a toda costa. Di continuamente a la otra persona: «Ese es tu trabajo; tú eres el responsable aquí, no yo». Después, aférrate a ello.

VEINTIUNO

Cinco claves para la eficacia en la gestión

AHORA QUE HAS LLEGADO al final de este libro, permíteme compartir los cinco fundamentos de la delegación y supervisión eficaz que puedes utilizar durante toda tu carrera como gerente.

En primer lugar, acepta la responsabilidad completa sobre ti y tu personal, y sobre todo lo que hacen o dejan de hacer. Acepta el cien por cien de la responsabilidad por delegar las tareas adecuadas, supervisar y conseguir que el trabajo se haga a través de los demás.

Segundo, contempla a tu personal como tus familiares más jóvenes, casi como tus hijos. Date cuenta de que ellos, al igual que los niños, necesitan un flujo continuo de retroalimentación constructiva, dirección exacta, enseñanza, orientación, ayuda y estándares de desempeño claros. Imagínate que estás observando a tu personal a través de los ojos de un padre que se preocupa por sus hijos.

Tercero, practica el factor de la amistad. La simpatía y la confianza son la base de la gestión eficaz y la delegación efectiva. Cuanto mejor delegues, y cuanto mejor perfecciones y hagas crecer a tu gente, más se gustarán a ellos mismos y a ti. Como resultado, estarán más comprometidos y dedicados a hacer un excelente trabajo para ti.

En cuarto lugar, practica la Regla de Oro en todo lo que hagas. Trata a tu personal de la forma en que te gustaría ser tratado por tu jefe. Delega de la forma en que te gustaría ser delegado. Da retroalimentación de la manera en que desearías recibirla. Recuerda lo frustrado que te sentiste en el pasado cuando no sabías lo que se esperaba de ti o no recibiste el reconocimiento justo cuando hiciste un buen trabajo. Asegúrate de no poner a tu equipo en esa situación.

Por quinto y último, recuerda que los recursos humanos son el activo más valioso que tiene una empresa. Tus recursos humanos son fundamentales para tu empresa. Se te ha confiado el bien más preciado y valioso que tu organización tiene para obtener resultados.

El determinante de tu éxito

Tu capacidad para obtener resultados por medio de los demás, y para delegar y supervisar con eficacia, tanto como cualquier otra cosa, determinará tu éxito como gerente. Maneja a tu gente con cuidado, paciencia y consideración. Tú tienes el poder para hacer que tu personal sea feliz o infeliz, se sienta satisfecho o insatisfecho y sea productivo o improductivo.

Establece normas claras, delega claramente, examina tus expectativas y supervisa lo que has delegado. Comprométete a desarrollar y perfeccionar a los ganadores del futuro. Considera a los miembros de tu personal como personas con un enorme potencial sin explotar a las que puedes ayudar a que se den cuenta.

Una parte importante de tu éxito estará determinado por tu capacidad para delegar con eficacia en tu personal, y luego supervisar de una manera amistosa una vez que les hayas delegado funciones.

Cuando practiques lo que has aprendido en este libro, y trates a tu gente con cuidado, paciencia y bondad, te irá bien en tu camino a convertirte en un ejecutivo excelente.

ÍNDICE